DOMINO

Dr. Erol Yildiz ist zur Zeit wissenschaftlicher Assistent an der Erziehungswissenschaftlichen Fakultät der Universität zu Köln, Abteilung Soziologie, und Mitgründer und Mitarbeiter der Forschungsstelle für interkulturelle Studien (FiSt) an eben dieser Universität. 1997 wurde seine Dissertation zum Thema *Halbierte Gesellschaft der Postmoderne. Probleme des Minderheitendiskurses unter Berücksichtigung alternativer Ansätze in den Niederlanden* bei Leske und Budrich, Opladen veröffentlicht. Von 1996 bis 1999 war er an dem von der Volkswagen-Stiftung finanzierten Forschungsprojekt »Städtischer Multikulturalismus« beteiligt. Untersucht wurde das Zusammenleben im Kölner Stadtteil Ehrenfeld aus verschiedenen Perspektiven. Die Forschungsergebnisse werden im Frühjahr 2000 unter dem Titel *Die Grammatik urbanen Zusammenlebens* veröffentlicht.

Eine Auswahl weiterer wissenschaftlicher Veröffentlichungen:

Städtischer Multikulturalismus: Eine neue Lesart, in: Bukow, W.-D., Ottersbach, M. (Hg.), *Der Fundamentalismusverdacht,* Opladen 1999.

Skandalisierung allochthoner Jugendlicher durch Kriminalisierung, in: Ottersbach, M., Trautmann, S.-K. (Hg.), *Integration durch soziale Kontrolle,* Köln 1999.

Halbierte Demokratie. Skandalisierung der eingewanderten Minderheiten, in: *Die BRÜCKE* 1998/4.

Stellvertreterpolitik und Rassismus, in: *Die BRÜCKE* 1995/3.

Migrantensozialarbei – Migrantenselbstorganisationen – Initiativgruppen, in: Kölner Appell (Hg.), *Köln International. Ein Stadtbuch gegen Rassismus,* Köln 1994.

Die Politik der Europäischen Gemeinschaft in bezug auf die ethnischen Minderheiten, in: Buchkremer, H.-J., Bukow, W.-D., Ottersbach, M. (Hg.) u.a. (Hg.), *Zukunft kultureller Minderheiten in Europa?,* Aachen 1992.

EROL YILDIZ

FREMDHEIT
UND INTEGRATION

Ausführungen zum besseren Verständnis
Anregungen zum Nachdenken

DOMINO

DOMINO
Band 26

Originalausgabe
© 1999 by BLT
BLT ist ein Imprint der Verlagsgruppe Lübbe,
Bergisch Gladbach
Printed in France, Dezember 1999
Lektorat: Nicola Bartels/Vera Thielenhaus
Einbandgestaltung: © by Flammarion
Satz: Rolf Woschei
Druck und Bindung: Groupe Hérissey, Évreux Cedex
ISBN 3-404-93026-6

Sie finden uns im Internet unter
http://www.luebbe.de

Der Preis dieses Bandes versteht sich einschließlich
der gesetzlichen Mehrwertsteuer.

Inhaltsverzeichnis

Fachbegriffe, die im Glossar näher erläutert werden,
sind bei ihrer erstmaligen Erwähnung im Text
mit einem * gekennzeichnet.

Vorwort

Reden wir über die Fremden im Lande.
Mit ihnen zu reden ist ungleich anstrengender.
Ernest W.B. Hess-Lüttich

In unserem Alltag neigen wir dazu, Menschen und Dinge entweder als vertraut und dem Eigenen zugehörig oder als nicht zugehörig, unvertraut und fremd zu bewerten. Diese Trennung scheint ein grundlegendes Wahrnehmungsmuster unserer Realität zu sein. Durch Ein- und Ausgrenzung werden soziale Ordnungsgefüge geschaffen, die es erleichtern, sich in einer zunehmend vielfältiger werdenden Welt, in einer immer stärkeren Ausdifferenzierung von Lebenswelten durch technische, mediale und globale Entwicklungen, zurechtzufinden.

In der jüngsten Vergangenheit wurden durch die zunehmende globale Mobilität, die Informations- und Bilderflut der Medien und auch durch persönliche Erfahrungen im Alltag ehemals entfernte Räume in den Horizont des subjektiven Bewußtseins gerückt. Das Fremde befindet sich also nicht mehr, wie es früheren Vorstellungen entsprach, räumlich außerhalb, sondern vorwiegend innerhalb unseres Lebenshorizonts. Die Auflösung der Ost-West-Grenzen hatte zudem den Zerfall von bisher als selbstverständlich erachteten Deutungsmustern zur Folge. Das Verschwinden der alten politischen Blöcke in Europa läßt gegenwärtig erkennen, daß das Verhältnis zwischen dem, was als Eigenes angesehen wird, und dem als fremd Wahrgenommenen fragwürdig geworden ist. Die Konfrontation mit Fremdheit ist heutzutage unvermeidlich, und die Herausforderung, Formen von Nähe und Distanz mit dem Fremden zu finden, gehört inzwischen zur Bedingung einer gesellschaftlichen und persönlichen Weiterentwicklung.

Fremdheit war schon immer ein emotional aufgeladenes Thema, das alle Facetten von Furcht bis Faszination umfaßte. Und doch verdichtet sich in der Figur des Fremden gegenwärtig das eigene Empfinden von Gefahr und Ungewißheit. Warum löst Fremdheit Angst und Ablehnung aus? Fühlen wir uns in unserer kulturellen Identität bedroht? Wie sind Phänomene wie Ausländerhaß, Fremdenangst und überaus erfolgreiche Unterschriftenaktionen gegen die doppelte Staatsbürgerschaft in einer modernen, demokratischen Gesellschaft zu werten?

Im vorliegenden Band geht es nicht um die Klärung dessen, worin die Fremdartigkeit des anderen besteht und wie man sie mit vertrauten Kategorien verständlich machen könnte. Vielmehr soll aus verschiedenen Perspektiven die Vielfalt des Phänomens Fremdheit in seinen historischen, alltäglichen und wissenschaftlichen Bezü-gen, aber auch in seinem Verhältnis zur »eigenen Norma-lität« beschrieben werden.

Der erste Teil, »Dimensionen der Fremdheit«, verdeutlicht die Vielschichtigkeit des Themas anhand von Beispielen aus unserem Alltag, behandelt die wissenschaftlichen Ansätze von Ethnologie, Psychologie, Soziologie und Pädagogik, die sich mit dieser Fragestellung befassen, und greift die Rolle der Medien in der öffentlichen Debatte um Fremdheit und Fremde auf. Im Kapitel »Ausgrenzung und Integration« geht es um den widersprüchlichen Umgang mit den anderen, in Form von negativen, ausschließenden Reaktionen auf das Unvertraute wie Xenophobie, Ethnozentrismus und Rassismus.

Der zweite Teil, »Leben mit der Fremdheit«, soll die Erkenntnis vertiefen, daß Fremdheit inzwischen zu einem normalen Bestandteil unseres täglichen Lebens geworden ist und zum Nachdenken darüber anregen. Dies läßt sich am besten anhand einiger Betrachtungen über das Großstadtleben zeigen, wie sie im ersten Kapitel angestellt werden. Das zweite Kapitel beschreibt den Umgang mit Fremdheit unter dem Blickwinkel möglicher Lösungsansätze. Dazu wird der Blick auf die Perspektiven einer modernen Pädagogik gerichtet, die Fremdheit inzwischen als Lernanlaß betrachtet, und auch die immer wieder aufflammende Debatte um Staatsbürgerschaft und Integration herangezogen.

Das letzte Kapitel sieht die Thematik abschließend im globalen Zusammenhang. Fremdheit ist schon längst keine lokal gebundene Erscheinung mehr, sondern vollzieht sich im Rahmen der globalen Entwicklungen in einem ständigen Austausch zwischen hier und dort, dem einzelnen und anderen. Jede individuelle Biographie beinhaltet heute Fremdanteile, die auch globale Einflüsse umfassen. Denn wir leben inmitten der Fremde – und wir leben gut damit.

Edle Wilde und Barbaren
Über Jahrhunderte hinweg sah der Blick des Ethnologen in den Einwohnern anderer Kontinente fremdartige Wesen, edle Wilde oder Barbaren – eine Sehweise, die ihren Ausdruck in den Zeichnungen und Stichen zahlreicher Reisender dieser Jahrhunderte findet.

Bewohner der nordwestlichen Küste von America. Die Einwohner von San Jose (Kalifornien). *Aus: Carl Bertuch, Bilderbuch für Kinder, 7. Bd., Weimar (Landes-Industrie-Comptoir) 1810, Nr. 95, Fig. 1. Sammlung Archiv für Kunst und Geschichte, Berlin.* Ph. © AKG Photo.

Dimensionen
der Fremdheit

Zum Begriff

Frägt ein Fremder in einer fremden Stadt
einen Fremden um irgend etwas, was ihm fremd ist,
so sagt der Fremde zu dem Fremden, das ist mir leider
fremd, ich bin hier nämlich selbst fremd.
Karl Valentin

Etymologisch, so wird vermutet, leitet sich das heutige deutsche Wort »fremd« ab vom altdeutschen »*fram*«, was soviel bedeutet wie »weg, vorwärts, entfernt«, also alles, was einem nicht nahesteht. Schon beim Versuch jedoch, die Spannweite des »fremd«, »Fremdheit«, »Fremde« zu erfassen, wie sie in der heutigen Sprache gebraucht wird, zeigt sich das eigentliche Problem: Der Begriff selbst ist so mehrdeutig, wie die Bereiche verschieden sind, in denen er benutzt wird. Gehen wir zunächst von der allgemeinen Definition in einem *Neuen Deutschen Wörterbuch* aus, so bedeutet er: fernstehend, nicht zur Familie, zur Bekanntschaft, zum Volk usw. gehörend; auswärtig; kalt, zurückhaltend; ungewöhnlich, wunderlich; einem nicht zugehörig; ungehörig; einem als Eigenschaft nicht anhaftend; störend.

Der/die/das »Fremde« sind dann: Der/die/das Nichteinheimische, Auswärtige, Unbekannte bzw. das ferne Land, Ausland. Im *Neuen Deutschen Dudenlexikon* finden sich dazu keine Einträge, statt dessen nur einige Wortzusammensetzungen wie »Fremdbestäubung«, »Fremdenlegion«, »Fremdenverkehr«, »Fremdkörper« und »Fremdwort«.

Um die sprachliche Verwirrung nicht zu vertiefen, seien hier drei Aspekte genannt, auf die sich alle erwähnten Bedeutungen zurückführen lassen:

Das deutsche Wort »fremd«, das in anderen Sprachen nur mit mehreren Begriffen wiederzugeben ist, bedeutet

1. etwas, das außerhalb des eigenen Bereichs liegt (vgl. *externum, foreign, étranger*);
2. das, was anderen gehört (vgl. *alienum, alien*);
3. das, was von anderer Art, was fremdartig, heterogen ist (vgl. *strange, étrange*).

Man könnte diese drei Aspekte also als Ort, Besitz sowie Art und Weise bezeichnen.

In den meisten Bereichen, besonders in der Alltagssprache wie auch in Medien und Politik, wird jedoch selten zwischen diesen Ebenen unterschieden, vielmehr werden bewußt oder unbewußt die verschiedensten Bedeutungsinhalte vermischt und neue erzeugt. Das ergibt sich ebenso aus der Mehrdeutigkeit des Begriffs wie aus der Vielschichtigkeit der realen Gegebenheiten und Vorstellungen, die man mit dem Begriff »Fremdheit« zu beschreiben sucht. Besonders scheinen sich die Deutungsebenen zu vermischen, wenn Emotionen und Interessenkonflikte im Spiel sind. Im folgenden Kapitel werden wir verschiedene Deutungsmuster in Alltag und Wissenschaft und ihre jeweiligen Besonderheiten erkunden.

Das Eigene und das Fremde

Fremd im Alltag

Fremdheit ist eine Kategorie unserer Umgangssprache, unseres Alltagswissens. Hier wird der Begriff in erster Linie benutzt, um eine Gruppe von Menschen zu definieren, die entweder als Ortsfremde, Zugereiste, Ausländer und/oder allgemein Außenseiter angesehen werden, die man als nicht zugehörig zu der eigenen Gruppe empfindet. Und was nicht zugehörig ist, also außen steht, ist gleichzeitig fremdartig. Die Nichtzugehörigkeit wird jeweils durch Ort (Ausländer) oder Zeit (Zugereister, also jemand, der später gekommen ist) oder Normen (Außenseiter, fremdartig) bestimmt.

Neben diesem Bedeutungsfeld des »anderen« benutzen wir das Wort jedoch auch, um unseren eigenen Zustand zu beschreiben – man fühlt sich in gewissen Situationen fremd, das heißt unbekannt, unvertraut, oder – um das Verhältnis zu anderen zu markieren – man ist einander fremd geworden, hat sich »entfremdet«. Es gibt außerdem die Redewendung »sich selbst fremd sein, oder sich selber fremd werden«.

Hans Magnus Enzensberger schildert in seinem Buch *Die große Wanderung* eine alltägliche Situation in einem Zugabteil: »Zwei Passagiere in einem Eisenbahnabteil ... Sie haben sich häuslich eingerichtet, Tischchen, Kleiderhaken, Gepäckablagen in Beschlag genommen. Die Tür öffnet sich, und zwei neue Reisende treten ein. Ihre Ankunft wird nicht begrüßt. Ein deutlicher Widerwille macht sich bemerkbar, zusammenzurücken, die freien Plätze zu räumen ... Dabei verhalten sich die ursprünglichen Fahrgäste, auch wenn sie einander gar nicht kennen, eigentümlich solidarisch. Sie treten den neu Hinzukommenden gegenüber als Gruppe auf ...«

Enzensberger schreibt weiter, daß, obwohl die Neuhinzugekommenen als Eindringlinge angesehen werden, es dennoch nicht zu einer offenen Auseinandersetzung kommt, sondern die neuen Fahrgäste irgendwann geduldet werden. Man hat sich an sie gewöhnt. Wenn jetzt zwei weitere Passagiere die Abteiltür öffnen, wird sich der Status der zuvor Eingetretenen ändern: »Eben noch waren sie Eindringlinge, Außenseiter; jetzt haben sie sich mit einem Mal in Eingeborene verwandelt.« Und auch denen fehlt, so bemerkt Enzensberger, wiederum jedes Verständnis für die Neuankömmlinge.

Zu unserem Alltag gehört eine breite Palette von verschiedensten Routinetätigkeiten, Begegnungen, täglichen und außergewöhnlichen Erlebnissen, die Arbeitskollegen, das Familienleben, die Einkäufe im Supermarkt, das Verkehrschaos, aber auch Ereignisse, die wir gern als vom Alltag abgehoben betrachten, weil wir dessen Gewöhnlichkeit entfliehen wollen, wie Festtage und Feierlichkeiten, Urlaube und Wochenenden.

Es ist nicht schwierig zu erkennen – auch wenn man selbst meint, ein völlig normales, ja fast schon langweiliges Leben zu führen –, daß sogar in dieser Gewöhnlichkeit ein großes Maß an »Fremdanteilen« enthalten ist. Damit sind nicht einmal die in erster Linie konsumorientierten Handlungen wie italienisch essen gehen, einen japanischen Wagen fahren, französische Mode tragen oder einen mediterranen Einrichtungsstil bevorzugen gemeint – also nicht ein *lifestyle*, der sich ohnehin modern und weltoffen gibt, sondern eher die vielen täglichen Situationen, in denen uns Fremdheit in einer ganz anderen Weise begegnet. Man denke nur an Bewerbungsgespräche oder neue Arbeitskollegen, die Verunsicherung in Situationen, in denen man sich fragt, was von einem erwartet wird, »was sich gehört«, oder in denen man sich »fehl am Platze« fühlt. Oder auch an Generationskonflikte, die entstehen, weil den Eltern die Welt der Teenager fremd, unverständlich oder schlichtweg unakzeptabel erscheint oder weil es den Jugendlichen so vorkommt, als kämen ihre Eltern aus der »Steinzeit«. Oder an die vielen Nachbarschaftsstreitigkeiten – Einkauf auf dem Wochenmarkt, ein »exotisch« buntes Treiben und Gedränge, wird von vielen vertrauter empfunden als beispielsweise der Nachbar im Schrebergarten.

Aus den bisher beschriebenen Bestimmungsmomenten (räumlich, zeitlich, normativ) von Fremdheit wird schon deutlich, daß Fremdheit nicht eine natürliche Eigenschaft darstellt, sondern Ausdruck einer Wechselbeziehung ist. Fremd »ist« oder fühlt sich nur, wer auch durch andere so wahrgenommen wird. Das Fremde steht also mit dem Eigenen in Verbindung, ja es würde ohne das Eigene nicht existieren. Man kann daher sagen: »Fremdheit ist keine Eigenschaft, auch kein objektives Verhältnis zweier Personen oder Gruppen, sondern die Definition einer Beziehung.«

Die Exotik des Nahen

Ein weiteres Alltagsbeispiel ist ganz besonders exemplarisch für die Deutungsüberschneidung zwischen »fremd«

und »eigen« in unserer Lebenswelt, weil es beide Begriffe relativiert und gleichzeitig in sich vereint. Ein Beispiel, an dem deutlich wird, daß sich das Fremde/ Exotische nicht unbedingt in der Ferne befindet und daß Nähe und Ferne in diesem Sinn auch keine streng zu trennenden Begriffe mehr sind, ist der Karneval (oder Fasching). Man kann Karneval als Zeit der Narrenfreiheit und verkehrten Welt, als Ausbruch von Wildheit und Exotik, als Ausdruck von Egalität und Widerstand beschreiben und all das gleichzeitig als »eigene« Tradition und Brauchtum. Der Kölner Karneval (Fastelovend oder Fasteleer) beispielsweise ist ein selbstverständlicher Bestandteil »kölscher Lebensart« und wird als solcher mit Heimatgefühlen, Vertrautheit und eigener Tradition in Verbindung gebracht, als unveränderlich, unveräußerlich betrachtet. Die »Session« oder die »fünfte Jahreszeit« ist Bestandteil des Jahreskreises, sie wird in den natürlichen Lebensrhythmus integriert, den Menschen der Region »liegt sie im Blut«.

In all den Rollen, die der Karneval dem einzelnen ermöglicht, wird Fremdes, Exotisches und Fernes als Eigenes, Nahes und Erreichbares dargestellt. Die Grenzen zwischen nah und fern, selbst und anderen, privat und öffentlich, eigen und fremd werden bewußt verwischt und damit die Illusion einer grenzenlosen, egalitären Gegenwart erzeugt, die sich in ihrer Farbigkeit und ihrem Frohsinn deutlich vom grauen Einerlei abhebt. Eine Woche lang lebt man so, wie man schon immer leben wollte: frei, ungebunden, wild und doch geordnet, gleich und gemeinschaftlich nach dem kölschen Spruch: »Jeder Jeck ist anders.«

Als Gegenstück zum exzessiven, extrovertierten Karneval könnte man die Rückbesinnung auf ländliche Idylle, beschauliche Heimatverbundenheit, Volkslied und

Fastnacht
Junger Mann aus Sri Lanka   *im Rottweiler Narrenkostüm.*
als Landsknecht   Ph. © Fernando.

-brauchtum sehen, deren Revival in den 90er Jahren nach der Wiedervereinigung nicht nur in den neuen Bundesländern auffällt. Volkskundler sehen darin ein »Ensemble des schönen Scheins«, eine Ästhetisierung der eigenen Lebenswelt, deren Wurzeln bereits in der bürgerlichen Sommerfrische des ausgehenden 19. Jahrhunderts liegen. Damals entwickelte man plötzlich einen neuen Geruchssinn und eine andere Ästhetik, durch die man den bisherigen Gestank des Landes als würzige Landluft und den bisher für seine Plumpheit verachteten Bauern als Vertreter einer gesunden und natürlichen Lebensweise wahrnahm. Auch heute noch wird in diesem Zusammenhang das bisher Gewöhnliche in das Licht des Besonderen gestellt – eine Nostalgie des fernen Nahen oder der vergangenen Nähe, eine Exotik des Nahen. Die ehemals ferne Exotik ist dafür ganz in unsere Nähe gerückt, in

Form von Karneval und Samba-Rhythmen, Voodoo-Tänzen und afrikanischen Trommeln, Halloween-Partys, Techno-Disko oder fernöstlicher Religion – was den Sozialwissenschaftler und Volkskundler Konrad Köstlin zu der ironischen Bemerkung veranlaßte: »Wir sind – so gesehen – längst unsere eigenen Indianer.«

Edle Wilde und Barbaren

Die Erfindung des Fremden, seine Auf- und seine Abwertung zieht sich in den verschiedensten Ausprägungen durch die Jahrhunderte; jede Gesellschaft und jede Zeit hat ihre Fremden, die ein Spiegelbild des eigenen Zeitgeistes sind. Die berüchtigte, leidvolle Geschichte des Sklavenhandels bis ins 19. Jahrhundert und die des Kolonialismus bis in die Mitte unseres Jahrhunderts sind hinlänglich bekannt.

Welche Rolle spielte dabei das Bild des Fremden? Wer waren diese anderen, die man erst entdeckte, dann beraubte und verkaufte?

Der Sklavenhandel war kein besonders leicht zu verantwortendes Geschäft. Schon in der Antike widersprach er *de facto* der alten Vorstellung von Demokratie; in den christlichen, feudalen Gesellschaften stand er in Widerspruch zu den christlichen Geboten. Hier wie da wurde dieser Widerspruch gelöst, indem die Versklavten als nicht zugehörig, weil barbarisch, primitiv, unzivilisiert, schwarz usw. beschrieben wurden. Alle Gebote der Menschlichkeit trafen somit auf sie nicht zu. Es gab gemäßigtere Ansichten, die auch diesen Menschen »Entwicklungs- und Reifemöglichkeiten« zusprachen und sich im weiteren für ihre Einverleibung durch die Missionierung einsetzten.

In der historischen Literatur wird festgestellt, daß besonders gern auf das Bild des Sklaven als minderwertigen Menschen zurückgegriffen wurde, als der Sklavenhandel immer mehr in die Defensive geriet. Im Laufe dieser Rückzugsgefechte begann alsbald die Verbreitung und theoretische Begründung rassistischer Lehren.

Als im 18. Jahrhundert neben Entdeckern, Abenteurern und Handelsreisenden auch europäische Dichter und Philosophen, mittellose Theologen, Juristen und Studenten in die Ferne aufbrachen, taten sie dies aus dem Wunsch nach Fremd- und Selbsterfahrung, nach neuen Entdeckungen. Ebensooft spielte jedoch auch die Flucht aus der Enge der eigenen Gesellschaft und vor hausgemachten Problemen eine Rolle, das Unbehagen in der eigenen Lebenswelt und die Suche nach einem besseren Ort, nach einer anderen Lebensform. Auch der Wunsch nach Erweiterung des eigenen Horizonts und geistiger Bildung mögen zu den Motiven gehört haben. Dies alles geschah vor dem Hintergrund von Kolonialismus und einer verschärften Rassismusdiskussion, in deren Verlauf in Westeuropa und Amerika diverse Werke zur Rechtfertigung der Herrschaft des »weißen Mannes« über die »animalischen Schwarzen« veröffentlicht wurden.

Als exemplarisch für das widersprüchliche von Projektionen und Affekten bestimmte Bild des »Schwarzen« in den Reisebeschreibungen jener Zeit kann ein Bericht des Missionars Abbé Demanet aus dem Jahre 1778 gelten, der in jedem Fall zu den wohlmeinenden und gemäßigten Vertretern seiner Zeit gehörte. Folgendes längere Zitat verdeutlicht einige Facetten des vorherrschenden Fremdbildes (in diesem Fall bezüglich der Afrikaner):

»Das ganze Negervolk bewirbt sich nicht um Reichtümer, besitzt überdem alles, wovon es jeden Tag leben kann, braucht gar keinen Aufwand zu machen, um sich Kleidung und Wohnung zu verschaffen ... Dies Volk läßt daher die Erde unbebaut, verkennt oder verachtet deren Reichtümer ... Ehrgeiz, Luxus, Eitelkeit und Leckerei haften gar nicht an ihm, Verschwörungen zu Betrügereien und so viele andere schreiende Ungerechtigkeiten, die man begeht, um Schätze zu erlangen, oder übel erworbene zu erhalten, sind ihm gänzlich unbekannt ... Der Neger gleicht einer Maschine, die durch gewisse Triebwerke aufgezogen wird und wieder abläuft, oder einem Stück weichen Wachses, dem man eine Form geben kann, welche man will ... Dieser Neger nun, der von Natur eine muntere Laune, einen lebhaften und durchdringenden Geist hat, der übrigens Diebstahl für kein Verbrechen hält, ist wild genug, mörderische Hände an sich selbst zu legen, wenn er seine Rache auf keine andere Art auslassen kann ... Er ist so träge, daß er nur arbeitet, wenn er muß ... So bringt er seine Jugend in Ausschweifungen, sein männliches Alter in Trägheit und seine letzten Jahre ohne alle Vorwürfe des Gewissens hin. Er erhält stets eine Gemütsruhe ... Entwürfe von Glück beschäftigen ihn niemals; er hat keinen anderen Wunsch, als von einem Tage zum anderen zu leben, und wenn er also Reis oder Hirse hat, so hat er alles. Wenn zu diesem noch Branntwein hinzukommt, so ist seine Glückseligkeit keines Zuwachses mehr fähig ... Alle Neger sind einander gleich, und Arme finden sich unter ihnen gar nicht. Was sie haben, haben sie gemeinschaftlich ... der Hunger allein treibt sie an, Reis und Hirse zu säen ... Sie haben aber ein Geheimnis gefunden, der Arbeit nicht überdrüssig zu werden, und das besteht darin, sie lange vorher zu verlassen, ehe sie dadurch ermüdet werden ... Sie würden

recht gute Arbeiter werden, wenn sie weniger träge wären und gute Anweisung hätten ...«

Dieses Bild des Afrikaners sowie das in Europa vorherrschende Orientbild oder die Legenden über die nordamerikanischen Indianer sind Ausdruck ein und desselben Sachverhaltes: Das Bild des Fremden wird instrumentalisiert, um den eigenen Bedürfnissen, Gefühlen oder Bestrebungen Ausdruck zu verleihen.

Das Bild des animalischen, niedrigen, minderwertigen anderen dient als Rechtfertigung für Eroberung und Sklaverei, das des ungebildeten, ungeschliffenen, gottlosen anderen als Argument für die Missionierung, der naive, glückliche und naturverbundene Fremde wird herangezogen, um ein Unbehagen an der eigenen Gesellschaft auszudrücken. Auch eigene, tabuisierte Lebensbereiche werden jeweils auf den Fremden projiziert, wenn z.B. von zügelloser Vielweiberei und lasterhaftem Umgang der Geschlechter oder positiv von deren allgemein zwangloser und freier Lebensart die Rede ist. Bei alldem ist die tatsächliche Existenz und Anwesenheit des Fremden keineswegs erforderlich. Die Bilder sind austauschbar und übertragbar von einer Gruppe auf die nächste.

Der Blick des Ethnologen

Die Ethnologie (Völkerkunde) begreift sich selbst, wie noch im *Neuen Wörterbuch der Völkerkunde* von 1988 zu lesen ist, als »eine der Wissenschaften vom Menschen mit besonderer Berücksichtigung der Kulturen schriftloser Völker, Ethnien mit geringer Naturbeherrschung und nichtindustrieller Gesellschaften«.

Auf die schwierige Abgrenzung zu benachbarten Fächern der Human- oder Geistes- und Gesellschaftswissenschaften soll hier nicht eingegangen werden. Es sei nur kurz erwähnt, daß in Amerika unter dem Oberbegriff *Anthropology* neben der physischen *Anthropology* auch soziale und kulturelle Bereiche erfaßt werden (*Cultural Anthropology* beinhaltet auch Linguistik, Archäologie, Psychologie u.a.), während die in den 20er Jahren in Großbritannien entstandene *Social Anthropology* besonderes Gewicht auf Fragestellungen aus dem soziologischen Bereich legt.

Die obige Definition zeigt, verkürzt ausgedrückt, den Bereich, für den sich die klassische Ethnologie auch heute noch zuständig fühlt: »schriftlose und nichtindustrielle Gesellschaften mit geringer Naturbeherrschung«, die mit unserer nichts gemein haben, also fremd sind. Die klassische Ethnologie versteht sich demnach als die Wissenschaft vom Fremden. Sie bildete sich als Ethnographie (d.h. Beschreibung fremder Völker) im 17. Jahrhundert und – als eigentliche Ethnologie mit ihren wissenschaftlichen Ansprüchen und Theorien – im 18. Jahrhundert heraus und ist eng mit der seit dem 15. Jahrhundert bestehenden Reise- und Entdeckungslust und mit Kolonisation, Exotismus, Mission und Expansion verbunden. In gleichem Maße wie die »Forschungsobjekte« der Ethnologen durch Ausbeutung und die von Missionaren, Reisenden, Kolonisatoren eingeschleppten Krankheiten sowie die Zerstörung der einheimischen Lebensräume und sozialen Gefüge verschwanden, setzte eine methodologische und theoretische Kontroverse ein, die zunächst dazu diente, die als primitiv beschriebenen Lebensweisen der »Eingeborenengesellschaften« besonders effektiv untersuchen zu können und sie dabei gleichzeitig als Forschungsgegenstand zu konservieren.

Seit den 20er Jahren dieses Jahrhunderts definiert sich die Ethnologie über die Methode der teilnehmenden Beobachtung anderer Lebenswelten, deren Strukturen und Gesetzmäßigkeit praktisch durch die Augen der Handelnden in ihren Motiven erkannt werden sollen, wobei man sich außerdem Aufschluß über Zusammenhänge innerhalb der eigenen Gesellschaft erhofft.

Claude Lévi-Strauss* und insbesondere Michel Leiris* – letzterer eher ein Außenseiter unter den Ethnologen – brachten neue Perspektiven ein: In ihren Reisetagebüchern *Traurige Tropen* und *Phantom Afrika* demaskieren sie die Ethnologie als eine Reihe von Raubzügen und beschreiben die desolate Situation des Forschers, der in sich selbst und seiner Kultur gefangen ist: Der Beobachtende erkennt nur sich selbst. In jede Situation der Begegnung mit anderen während der Feldforschung fließen eigene Wertvorstellungen, Vorurteile, Denkmuster mit ein, die einen realen Blick auf das andere verstellen, um so deutlicher aber die Befangenheit des Beobachters widerspiegeln. Diese fortschrittliche Richtung innerhalb der Ethnologie erteilte eine deutliche Absage an die Suche nach dem primitiv-exotisch Anderen und Fremden, machte außerdem auf die verheerenden Auswirkungen der westlichen ökonomischen Machtverhältnisse auf die kolonisierten Länder aufmerksam und forderte deshalb die Entwicklung einer lokalen Ethnographie in den betreffenden Gesellschaften.

In Umkehrung der traditionellen Beobachterperspektive entwickelten Ethnologen den auf die eigene Kultur gerichteten ethnographischen Blick, die Ethnopsychoanalyse*, und die wissenschaftsüberschreitende Ethnopoetik*, deren Ideal es ist, in Ethnologie und Poesie zur vollständigen Erfassung der menschlichen Lebenswelt zu gelangen, wobei das subjektiv-emotionale Element eine große Rolle spielt. Michel Leiris, Hauptvertreter dieser Richtung, sah sich selbst als vagabundierenden Ethnologen und Dichter. Was daran »unprofessionell« klingt, ist Ausdruck eines Wirklichkeitsverständnisses, in dem Selbst- und Fremdverstehen zusammengehören, sich Sprach- und Handlungszusammenhänge, Lebensformen und Regelsysteme, die Ästhetik der Zeichen nur aus einem ganzheitlichen und in sich heterogenen Blick erschließen, bei dem der Beobachter sich seiner Rolle bewußt ist und seine Subjektivität bewußt in jede teilnehmende Situation einbezieht – ein Zugeständnis an die Heterogenität, die Vielstimmigkeit der (modernen) Welt, die nicht (mehr) in engen Denkstrukturen und wissenschaftlichen Schubladen zu erfassen ist.

Parallel dazu existieren in der Ethnologie, wie man auch an den Lehrinhalten verschiedener Universitäten feststellen kann, noch immer konventionelle Denkweisen und Klassifikationsmuster, die aus eurozentrischem Blick eine Hierarchisierung der Kulturen unternehmen: Sie wollen das »Fremde« in das »Eigene«, d.h. in die vertrauten Kategorien übersetzen, um es verständlich und für uns nutzbar zu machen, stehen oft den Naturwissenschaften (Humanbiologie, Verhaltensforschung) nahe und versuchen kulturelle Unterschiede als naturgegeben zu beschreiben.

Innen und Außen – das Selbst und der andere

In den konventionellen Denkmustern der Humanbiologie (Ethologie) und Verhaltensforschung werden die aus der Tierverhaltensforschung gewonnenen Erkenntnisse auf den Menschen übertragen. Diese instinktlastige Betrachtung führt dann über die Schlußfolgerung, daß Abgrenzung gegenüber Fremden als natürliche Verhaltensweise des Menschen zu werten ist, zu der Suche nach bestimmten Genen, die eine entsprechende Veranlagung des Menschen zur Fremdenfurcht belegen – sozusagen als eine Art »Erbschaden«, eine Naturgegebenheit. So werden den höheren Primaten und den Menschen gemeinsame Verhaltensweisen wie Abgrenzung von Gruppen und ihre Verteilung auf bestimmte Territorien, die aggressive Herstellung von Rangordnungen und die Unterdrückung von Außenseitern als gemeinsame Merkmale bescheinigt. Von fortschrittlicheren Vertretern der Humanbiologie wird jedoch darauf hingewiesen, daß diese Verhaltensweisen nicht zwangsläufig entwickelt würden, sondern nur als Möglichkeiten im Menschen angelegt seien, die je nach sozialer Erfahrung ausgeprägt und modifiziert werden könnten. Vor allem in den USA hat sich innerhalb der Sozialwissenschaften die Disziplin der Soziobiologie etabliert, deren Anspruch es ist, menschliches Verhalten evolutionsgeschichtlich und biologisch zu erklären. Dabei grenzt man sich jedoch vom berüchtigten Sozialdarwinismus* ab und ist im Gegenteil sogar zu der Erkenntnis gekommen, daß eine Unterscheidung nach »Rassen« zur Erklärung unterschiedlichen Sozialverhaltens keinen Sinn macht. Da man aber nach wie vor an der Evolutionstheorie festhält, die menschliches Verhalten in erster Linie durch Anpassung an die Umwelt erklärt, bleiben die emotionalen, affektiven, gefühlsmäßigen Aspekte des Phänomens Fremdheit vor allem der Psychologie vorbehalten.

Auch hier bedeutet das Fremde ursprünglich und in erster Linie eine Beunruhigung. Es verursacht Ängste, Projektionen, Vorurteile und Haß. Man geht jedoch davon aus, daß die menschliche Identität mit den ihr eigenen Wertvorstellungen und Verhaltensmustern nicht biologisch vererbt, sondern erworben bzw. erlernt wird, ebenso wie das Bild vom Fremden.

Das Eigenbild und das des Fremden sind dabei immer aufeinander bezogen. Die Psychologie weiß schon seit Freud, daß das Bild des Fremden eine Projektion von uns selbst auf andere ist. Freud bezeichnete den Ort des Unbewußten als den »anderen Schauplatz« und die Seele als »inneres Ausland«. Fremdheit wird so zu einer verdrängten Erfahrung des Selbstbildes und daher ebenso vertraut wie beängstigend. Dieser Verfremdungsvorgang beginnt nach Freud schon im jüngsten Kindesalter, indem man gezwungen ist, sich dem familiären und sozialen Milieu anzupassen. Es gibt danach kein klar begrenztes Innen, kein unabhängig existierendes Außen. Beide Ebenen durchdringen sich in jedem einzelnen Menschen und zu jeder Zeit, aber immer in unterschiedlicher Ausprägung. Dies wird auch in der Sprache deutlich, die wir benutzen, um emotionale Zustände, Charaktermerkmale und Affekte auszudrücken: Er ging ganz aus sich heraus; sie war nicht ganz bei sich; er ist in sich gekehrt; ich stand völlig neben mir, ich habe mich selbst nicht wiedererkannt. Schon diese Redewendungen zeigen, daß innen und außen, das Selbst und das andere keine statischen Größen sind, sondern eine ständige Grenzüberschreitung bedeuten. Die Fremdheit beginnt demnach nicht außerhalb unseres Selbst, sondern in uns selbst. So spricht man auch vom zweiten Ich, dem *Alter ego*, oder erinnert sich an den berühmten Spruch von Arthur Rimbaud: »Ich ist ein anderer.« Das heißt auch, daß jeder Mensch zu jedem Zeitpunkt von jedem anderen getrennt ist und zugleich in Beziehungen zu ihm steht.

Wenn dieses äußerst empfindliche Gleichgewicht gestört ist oder als gestört empfunden wird, kann sich der Betroffene zum Beispiel extrem leicht verwundbar und zugleich extrem isoliert fühlen und wird dann als psychisch krank wahrgenommen.

Der New Yorker Psychiater und Professor für klinische Neurologie Oliver Sacks erzählt in seinem Buch *Der Mann, der seine Frau mit einem Hut verwechselte* Geschichten von Menschen, die »aus der Normalität gefallen« sind. Ihnen, die vorher ein Leben wie alle anderen geführt haben, widerfährt eines Tages etwas, das man als Konfrontation mit der eigenen absoluten Fremdheit bezeichnen könnte. Ein bekannter Musikwissenschaftler beispielsweise kann mit zunehmendem Alter selbst vertraute Gesichter und Gegenstände nicht mehr beim Namen nennen. Er sieht etwas, kann aber diese Wahrnehmung nicht mehr deuten. Eine Rose identifiziert er als »rotes, gefaltetes Gebilde mit einem geraden grünen Anhängsel«. Als er die Praxis des Psychiaters verlassen will, greift er nach dem Kopf seiner Frau und versucht, ihn sich aufzusetzen. An anderer Stelle wird von Gedächtnisverlusten erzählt, die ein ganzes Leben auslöschen können und den Betroffenen zu einem Dasein im absoluten Jetzt, ohne Vergangenheit und Zukunft zwingen, also auch ohne Erinnerung an sich selbst und andere. Ein drittes Beispiel erzählt von einem Patienten, der bei einem Unfall nicht nur das Augenlicht verliert, sondern auch die Erinnerung an das Sehen, so daß seine Blindheit ein normaler Zustand für ihn ist und er mit den Worten Sehen, Licht oder Farben nichts mehr verbinden kann. Er bewegt sich mit absoluter Sicherheit und hat nicht das Empfinden, mit seinem Augenlicht an Lebensqualität verloren zu haben.

Aus den Fallgeschichten und den begleitenden theoretischen Überlegungen des Autors wird uns eine neue Sichtweise deutlich: Nicht nur Mängel und Ausfallerscheinungen, sondern auch Überschüsse, Übersteigerungen, also besondere Fähigkeiten, begleiten die Krankheit seiner Patienten, und es kann möglich sein, daß sie sich mit ihrer »Krankheit« genauso oder besser im Leben zurechtfinden als zuvor. Dies verweist auf die Fragwürdigkeit unseres Normalitätsbegriffs: Auch was uns fremd im Sinne von fremdartig und unnormal vorkommt, hat seine eigene Normalität.

Die Erfindung von Fremdheit

Spricht man im Alltag von normal oder anormal, wird immer auch ein affektives Verhältnis zum Beschriebenen deutlich; die eigenen, für richtig und selbstverständlich erachteten Maßstäbe des Betrachters bilden den Rahmen für eine abwertende Einschätzung des anderen. Normalität setzt ja eine bestimmte Ordnung voraus, Fremdheit dagegen besagt, daß etwas oder jemand nicht völlig an seinem Platz ist, also nicht normal ist. Dieser Begriff der Normalität ist jedoch jeweils geprägt von unterschiedlichen kulturellen Mustern und Unterscheidungsformen, und abhängig davon wird das, was fremd erscheint, auch als fremdartig (exotisch) gedeutet.

Fremdheit und Normalität sind also bloß Bilder unserer Vorstellungswelt, sie sind Projektionen, Erfindungen. Als solche sind sie veränderlich und werden immer wieder neu erfunden, so wie es der eigenen Situation und den Erfordernissen der Gesellschaft entspricht. Sie gehen einher mit Besitzergreifungsritualen, sprachlichen Zuschreibungen, Einverleibungs- oder Ausschlußhandlungen.

In den systemtheoretischen Ansätzen der Soziologie wird betont, daß Fremdheit und Normalität keine Gegensätze sind, sondern ein einziges Merkmal der modernen, pluralistischen und ausdifferenzierten Gesellschaft. So begegnet uns täglich eine völlig normale Form der Fremdheit, die alles umfaßt, was innerhalb der eigenen Ordnung fremd bleibt – und das ist, läßt man einmal seinen Tageablauf an sich vorüberziehen, sehr viel: die unbekannten Passanten auf der Straße, die Mitfahrer in der U-Bahn, der Kunde neben mir im Laden, aber auch Problemsituationen, die entstehen, wenn man an einem neuen Automaten einen Fahrschein ziehen will, eine unbekannte Adresse herausfinden muß etc.

Es werden jedoch neben dieser »alltäglichen und normalen« Form der Fremdheit zwei weitere Steigerungsgrade von Fremdheit unterschieden: die strukturelle Fremdheit, die all das betrifft, was »außerhalb einer bestimmten Ordnung« liegt, und die noch gesteigerte »radikale Fremdheit«, die außerhalb *jeder* angenommenen Ordnung steht.

Wenn man davon ausgeht, daß Fremdheit immer ein Zuschreibungsprozeß ist, also eine Konstruktion – und diese These wird inzwischen von einem Teil der Sozialwissenschaftler vertreten –, kann man ihre Formen auch durch die Art der Zuschreibungsprozesse unterscheiden. Im allgemeinen handelt es sich um die Bereiche, in denen gedachte oder erlebte Fremdheit entweder mit der Bedeutung der Nichtzugehörigkeit (affektiv) oder der Unbekanntheit (kognitiv) zugeschrieben wird; Bereiche, die eng miteinander verbunden sind und sich gegenseitig durchdringen.

Soziale Fremdheit bedeutet dann in erster Linie Nichtzugehörigkeit, Distanzierung. Dabei handelt es sich nicht allein um eine räumliche Distanz (von einem anderen Ort kommend), sondern durchaus auch um zeitliche, soziale, kulturelle und moralische Distanzen, die affektiv, emotional hergestellt werden. Denn gerade die funktionale Differenzierung und kulturelle Pluralisierung der heutigen Gesellschaft haben ja die Möglichkeiten, sich von anderen durch Grenzziehung und Distanzierung zu unterscheiden, vervielfacht. Es gibt Fachleute und Fachsprachen für alles mögliche, Cyberspace, Internet und Neue Medien, Techno, Rap und Generationskonflikte, Subkulturen, Vereinsmeier, Hundehalter, Autofreaks und Naturschützer. Jeder von uns ist in dem Großteil dieser Bereiche fremd. Die Grenze zwischen sich und anderen kann dabei auch gezogen werden durch eine »Selbstexklusion« (Selbstausgrenzung), d.h. durch die eigene Distanzierung von den anderen.

Die kulturelle Fremdheit (im Gegensatz zur sozialen Fremdheit) bezeichnet eher eine kognitive, gedachte Distanzierung zwischen Eigenem und Fremdem. Wir gehen davon aus, daß der andere sich an anderen Regeln und Wertsystemen orientiert, die von den unseren verschieden und uns unbekannt sind. Diese mangelnde Vertrautheit führt uns die Begrenztheit unseres eigenen Wissens vor Augen und löst damit zwiespältige Gefühle aus, die sich zwischen Furcht und Faszination bewegen können. Dieses Spannungsfeld ist auch entwicklungsgeschichtlich von Bedeutung: Ohne eigene lebensweltliche Gewißheiten wäre der Mensch nicht handlungsfähig, ohne Fremderfahrung, die mit der Verwandlung von Fremdem in Vertrautes einhergeht, wäre er nicht fähig, sich weiterzuentwickeln.

Im Grunde gehört Fremdheit zum Wesen moderner urbaner Gesellschaften. Täglich werden wir mit neuen, unbekannten Menschen und Situationen konfrontiert, was manchmal als Zumutung empfunden, meist jedoch als selbstverständlich hingenommen wird. Soziologen sprechen daher auch von einer alltäglichen, lebensweltlichen Fremdheit, in der sich die verschiedenen Formen von Fremdheit wiederfinden – darunter fällt z.B. auch eine strukturelle Fremdheit, die man in bezug auf Institutionen und gesellschaftliche Einrichtungen erfahren kann, wenn man unvertraut mit einem bestimmten System oder Behördenweg ist und daher bestimmte Rechte nicht wahrnehmen kann oder aus Gründen der Nichtzugehörigkeit nicht wahrnehmen darf.

Obwohl Fremdheit insgesamt von einem Teil der Sozialwissenschaftler als soziale Wirklichkeitskonstruktion bezeichnet wird, geht man davon aus, daß sie trotzdem oder auch gerade weil sie das ist, einen normalen Bestandteil jedes einzelnen und kollektiven Selbst bildet, also eine grundlegende Kategorie der geistigen und sozialen Differenzierung darstellt, denn selbst auf der kleinsten Kommunikationsebene wird Identität durch Herstellung von Differenz erzeugt.

Differenzen in der Pädagogik

Da in vielen pädagogischen Konzepten dem Phänomen Fremdheit eine wesentliche, ja sogar unentbehrliche Bedeutung beigemessen wird – wenn auch auf unterschiedliche Art und Weise –, wäre ein kurzer Blick ins Feld der Pädagogik angebracht, um erkennbar und verstehbar zu machen, in welchem Zusammenhang und mit welchem Ziel Fremdheit in den letzten Jahren pädagogisch verwendet wird. Abgesehen von einigen Teilperspektiven, sind zwei Grunddeutungsmuster der Fremdheit erkennbar: Auf der einen Seite findet sich eine spezifische Fremdheitsdefinition, die für »Ausländer« gebraucht wird, zu denen auch hier geborene Kinder und Jugendliche mit Eltern oder Großeltern ausländischer Herkunft gezählt werden. In diesem Deutungsmuster werden die

»mitgebrachten« Kulturen und Lebensformen der Einwanderer entweder als defizitär, d.h. rückständig, mangelhaft und somit hinderlich für die gesellschaftliche Integration angesehen oder als Bereicherung der eigenen Kultur.

Auf der anderen Seite gibt es ein entgegengesetztes Deutungsmuster, das Fremdheit als eine gesellschaftliche Normalität definiert, die als Hauptbestandteil des städtischen Lebens betrachtet wird. Differenzen werden nicht als ein zu beseitigendes Problem angesehen, sondern als pädagogische Herausforderung bzw. als Lernanlaß. Genauer betrachtet haben wir es also mit zwei gegensätzlichen Konzepten zu tun, in denen Differenzen eine wesentliche Rolle spielen.

Daß Fremdheit mit Ausländern bzw. ehemaligen Gastarbeitern in Verbindung gebracht wird, hat in erster Linie historische Gründe. Nach dem Zweiten Weltkrieg mangelte es in der BRD an Arbeitskräften. So wurden aus verschiedenen Ländern (Italien, Spanien, Griechenland, Türkei usw.) Arbeiter angeworben, sogenannte »Gastarbeiter«; Arbeiter, die so lange als Gäste hier bleiben sollten, wie man sie als Arbeitskraft gebrauchen konnte. Viele ließen sich aber dauerhaft nieder und holten ihre Familienangehörigen nach, so daß heute schon die dritte Generation dieser Ausländer hier lebt. Da die Einwanderung von vielen Menschen als problematisch und konfliktträchtig wahrgenommen wurde, fühlte sich die Pädagogik herausgefordert, auf die Situation zu reagieren und angemessene Konzepte zu erarbeiten. So entstand in den Erziehungswissenschaften in den 70er Jahren zunächst ein neuer Bereich, der »Ausländerpädagogik« genannt wurde und als dessen Adressaten ausschließlich die Kinder der Einwanderer gesehen wurden. Sowohl die didaktischen als auch die sozialpädagogischen Maßnahmen sahen vor, die Integration der Einwandererkinder in die deutsche Gesellschaft zu erleichtern und zugleich deren Rückkehrfähigkeit zu erhalten. Da die Kinder von vornherein als defizitär betrachtet wurden, ging es darum, diese angeblichen Defizite auszugleichen. Sprachliche, kulturelle oder sozialisationsbedingte Mängel sollten abgebaut und damit die Integration in die Gesellschaft erleichtert werden.

Die Feststellung, daß die BRD langsam zum Einwanderungsland wurde und die Ausländerpädagogik ihre Ziele nicht erfüllen konnte, führte zur Begründung einer anderen Form der Pädagogik, die sich als »interkulturell« versteht. In den vergangenen Jahren sind zahlreiche Arbeiten zur interkulturellen Pädagogik veröffentlicht worden, in denen mit Bezug auf die multiethnische Zusammensetzung der Schülerschaft ein Perspektivenwechsel im Feld (schul-)pädagogischen Handelns gefordert wird. Mit den Konzepten der interkulturellen Erziehung soll eine pädagogische Antwort auf die Einwanderungssituation und die mit ihr einhergehenden sozialen und kulturellen Veränderungen formuliert werden. Diese Konzepte gehen von der Anwesenheit unterschiedlicher kultureller Lebensformen in der Gesellschaft aus und versprechen, die Voraussetzungen für eine Erziehung zu Toleranz und gegenseitigem Respekt zwischen den Angehörigen der verschiedenen ethnischen Gruppen herzustellen, indem sie »Kultur« als das wichtigste Merkmal der Identität von Einwanderern bestimmen und in den pädagogischen Handlungsrahmen einbeziehen wollen.

In den meisten Konzepten der interkulturellen Pädagogik wird davon ausgegangen, daß die eingewanderten Menschen »Fremde« sind, deren Fremdheit durch ihre Herkunftskultur bedingt ist. Im Gegensatz zu den fremdenfeindlichen und rassistischen Ansichten, nach denen die Fremdheit von Einwanderern als Bedrohung empfunden wird, wird in den interkulturellen Ansätzen die normative Forderung, daß es darum gehe, diese Fremdheit verstehen und akzeptieren zu lernen, in den Mittelpunkt gestellt. Konflikte, die aus kulturellen Differenzen resultieren, sollen durch das Bemühen, die fremden Kulturen zu verstehen und dadurch die kommunikative Verständigung über Konfliktursachen zu ermöglichen, verarbeitet werden.

Man sieht das z.B. in »ausländerfreundlichen« Projekten an Schulen. In Familie und Bekanntenkreis konnte ich beobachten, daß Grundschüler, die fast alle hier geboren waren, sich bisher untereinander weder als türkisch noch als deutsch wahrgenommen und die sich miteinander immer auf Deutsch unterhalten hatten, sich durch gut gemeinte Projekte ihrer Lehrer in neue Rollen gedrängt sahen. Kinder türkischer Herkunft wurden aufgefordert, »ihre« Lieder und Tänze vorzuführen und »landestypische« Gerichte für Schulfeste beizusteuern; meine Tochter, die kein Wort türkisch spricht, wurde in diesem Rahmen gebeten, mit einem Kopftuch zu erscheinen.

Wenn man jedoch davon ausgeht, daß Fremdheit eine Normalität ist, die eben nicht nur ethnisch bestimmt werden kann, müßte »das Fremde verstehen« zuallererst heißen, festgefahrene Fixierungen an den Kategorien normal/anormal aufzugeben, sich und die eigene Kultur nicht als alleinigen Maßstab der Normalität zu nehmen. Es heißt anzuerkennen, daß alles, was einem selbst als normal und selbstverständlich erscheint, in einer anderen Kultur ganz gegenteilig verstanden werden kann und daß auch in der eigenen Tradition ständig Veränderungen und Verkehrungen, Umwertungen und Neusetzungen stattgefunden haben und stattfinden, an denen wir teilhaben. Es

Karrikatur von Ugur Durak.
© U. Durak.

heißt aber darüber hinaus auch, daß zu jedem Zeitpunkt das Normale in sich selbst Anteile des Anormalen trägt, daß die Übergänge fließend sind und daß wir selbst unablässig in Prozesse der Irritation verstrickt sind, die wir nur nicht ununterbrochen wahrnehmen.

Das Bild des Fremden in den Medien

Nehmen wir das Fremde bzw. den Fremden als eine Summe von Zuschreibungen, als widersprüchliches Abbild individueller und kollektiver (Ver-)Stimmungen, das nur zu einem sehr geringen Teil aus Erfahrungen in Form von Begegnungen besteht – dieser Art von Erfahrung

34

eigentlich auch gar nicht bedarf –, dann entspricht es in etwa dem Bild, das uns die Medien vermitteln. »Das Fremde muß geradezu fiktional, irreal, imaginär, phantasiert, halluziniert, simuliert oder virtuell sein«, wird von Kritikern behauptet – »genauere Kenntnis würde das Fremde bekannt machen; es hörte auf, fremd und fern zu sein.« Und wenn es um Einschaltquoten oder Absatzzahlen ginge, sei, vor allem in Boulevardmagazinen, Nachrichtensendungen, Dokumentationen und Talkshows das Bekannte, Nahe (in seiner Normalität) nur bedingt geeignet, als Publikumsmagnet zu wirken. Nur das Außerordentliche sei auf Dauer interessant genug, um Aufmerksamkeit zu garantieren. Daraus ergebe sich wieder ein gewisser Zwang, jede Nachricht, die nicht genug hergibt, weil der Gegenstand uns möglicherweise zu vertraut und alltäglich vorkäme, zu dramatisieren, skandalisieren, möglicherweise zu verzerren oder schlimmstenfalls ganz neu zu erfinden.

Ohne in eine hysterische Medienkritik einzustimmen, die jeweils die neuesten Entwicklungen (erst Fernsehen, dann Video, dann Internet usw.) grundsätzlich für gefährlich hält, muß man vor dem Hintergrund der extremen Verbreitungsmöglichkeiten, also der Massenwirksamkeit, die Inhalte um so gründlicher betrachten.

Dabei ist es wahrscheinlich nicht übertrieben zu sagen, daß Medien, besonders, wenn sie live berichten, den Mediennutzer von einer unmittelbaren Erfahrung, Begegnung abhalten – die man natürlich auch nicht immer realisieren könnte oder wollte – und dadurch einen immensen Einfluß auf die Vorstellungen der Zuschauer/Hörer/Leser über den berichteten Gegenstand haben, woraus sich Stimmungen und Haltungen ergeben (können), die wiederum Einfluß auf den realen Gegenstand haben (können).

Allgemein werden drei Grundperspektiven des vorherrschenden Medienbildes vom Fremden unterschieden: Erstens das Fremde als Metapher für das Unentdeckte, noch zu Erforschende, als Faszination und Reiseziel; zweitens, in engem Zusammenhang damit, das Fremde als heilversprechende neue Denk- und Lebensart (asiatische Religionen und Kampfsportarten, esoterische Rituale usw.); und drittens das Fremde als bedrohliche Vision von Vereinnahmung und Invasion durch Flüchtlinge, Arme und andere Zugereiste aus aller Welt.

Die dritte Perspektive zeigt wahrscheinlich am deutlichsten das Dilemma, in denen sich die modernen Massenmedien heute befinden: »Gewalt besitzt stärker als (fast) alles andere die Eigenschaften eines höchst interessanten journalistischen Themas.« Gewalt- und Bedrohungsszenarien zu vermitteln ist bei Medien, denen man wenig Selbstkontrolle und das vornehmliche Interesse an Quoten unterstellt, ein lohnendes, wenn nicht sogar notwendiges Geschäft. Im Sinne ihres Auftrags, die Öffentlichkeit zu informieren, sind sie andererseits sogar verpflichtet, auch über heikle Themen zu berichten. Besonders deutlich zeigt sich dieses Problem bei Straftaten mit rassistischem Hintergrund. Eine radikale Medienkritik versucht nicht nur, die Ausstrahlung jeglicher (realer und fiktiver Gewalt) zu verhindern, sie wirft den Medien zudem vor, durch die ausführliche Berichterstattung weitere Straftaten zu verursachen, wie es sich in Nachahmungstaten nach den Anschlägen von Rostock, Hoyerswerda und Solingen gezeigt habe.

Diese hitzige Diskussion, die wiederum auch in den Medien selbst stattfindet, scheint allerdings das Pferd von hinten aufzuzäumen: Es wird über eine Berichterstattung von Straftaten gestritten, welche manchmal selbst schon, so zynisch das klingt, den Charakter einer medialen Inszenierung haben. Es sollte also vornehmlich danach gefragt werden, ob und – wenn ja – welchen Einfluß Medien auf kollektive Stimmungen haben, welche Bilder und Vorstellungen vermittelt werden über diejenigen, die zu den Opfern gehören, und ob sie nicht gerade durch die Mitschuld der Medien zur Zielscheibe werden, ob also insgesamt eine bestimmte Art der vorausgehenden permanenten Berichterstattung für Anschläge und Straftaten mitverantwortlich sein könnte.

Um das herauszufinden, müssen wir den Blick noch einmal auf die Besonderheiten des medialen Bildes vom Fremden richten. Wie oben schon erwähnt, können drei Hauptmotive unterschieden werden: fremd als unbekannt, fremd als »heilversprechend«, fremd als bedrohlich. Auffällig ist dabei das Vorherrschen ethnischer Sichtweisen, obwohl gerade ethnische Fremdheit in den modernen Gesellschaften nur einen sehr geringen Teil möglicher Fremdheitserfahrungen darstellt.

Der mediale Fremde gehört in der Regel einer anderen Kultur, Sprache, Religion an, befolgt andere Traditionen und Bräuche, hat andere Wertvorstellungen und Normen, kleidet sich anders, ißt und heiratet anders. Je mehr der Zuschauer in den Medien darüber erfährt, desto deutlicher scheint ihm dieses Bild, wird ihm vertraut. Das Paradoxe ist also, daß das Bild vom anderen – und sei es noch so »irreal, imaginär, phantasiert« –, sobald es festgeschrieben ist, seltsam vertraut wird, aber nicht näherrückt. Stellen sich dann jedoch konkrete Bezüge zur eigenen Lebenswelt her, gelangt der Fremde, in Gestalt von Flüchtlingen oder Zuwanderern in unseren Bereich (was ja oft genug auch nicht persönlich, sondern wiederum nur durch Medien erlebt wird), muß festgestellt werden, daß die Realität nicht mit den vertrauten Zuschreibungsmustern übereinstimmt, daß es zwischen den anderen und dem Beobachter doch einige Gemeinsamkeiten gibt: Diese Menschen wollen hier leben, wollen hier arbeiten, an Bildung und gesellschaftlichem Leben teilhaben, ihrer Familie eine gesicherte Existenz schaffen. Die Lebensvorstellungen und Zukunftwünsche stimmen in dieser Hinsicht überein: Sie wollen das gleiche wie alle. Die neu Hinzugekommenen werden damit auf einmal zu Konkurrenten, die Anspruch auf begrenzte Ressourcen erheben, und schließlich für die eigene Existenz als bedrohlich empfunden. Verkürzt könnte man schlußfolgern: Nicht die zugeschriebenen Unterschiede, sondern vielmehr die vorhandenen Gemeinsamkeiten, die als solche erkannt werden, sind das Problem. Da man aber Abweisung und Ausgrenzung nicht mit Gemeinsamkeiten begründen kann, müssen die zugeschriebenen Unterschiede festgemacht und gleichzeitig den Erfordernissen angepaßt werden, d.h. sie müssen der Legitimierung von Ausschlußhandlungen dienen. (Wie schon gesagt, sind die ausgegrenzten Gruppen austauschbar. Man kann also behaupten: Solange Ausländer in Deutschland eine rechtlose Unterschicht bilden, werden sie zum Gegenstand von Ausgrenzung; einheimische Randgruppen werden dann, wenn auch mit erheblichen Einschränkungen, zur einheimischen Wir-Gruppe gezählt.)

Seit den 80er Jahren haben sich einige Untersuchungen anhand quantitativer und qualitativer Inhaltsanalysen mit der Darstellung von Ausländern in populären Medien wie Presse und Fernsehen befaßt. Sie kamen generell zu den Schlußfolgerungen: Die Presseberichterstattung über Ausländer akzentuiert die soziale Wirklichkeit nach ganz bestimmten Kriterien, in erster Linie durch den Nachrichtenfaktor Negativität. Fast ein Viertel aller untersuchten Presseartikel über Ausländer behandelt das Thema der steigenden Kriminalität. Dabei werden selten die politischen Hintergründe verdeutlicht, und auch die Tatsache, daß es sich sehr oft um Verstöße gegen Ausländer- und Asylgesetze handelt, die von Deutschen gar nicht begangen werden können, wird oft verschwiegen. Es fällt auf, daß in den Berichterstattungen Griechen, Italiener und Spanier, deren Kultur bekannt und vertraut ist, positiver dargestellt werden. Asylbewerber dagegen werden fast nur in negativen Zusammenhängen, und zwar entweder als Opfer von Gewalt oder als Straftäter erwähnt.

Die Untersuchungen betonen weiter die sprachliche Stigmatisierung* der genannten Gruppen durch Begriffe wie »Überfremdung«, »durchraßte Gesellschaft« oder mit den Metaphern »Flut«, »Lawine« oder »Schwemme«, die ein diffuses Bild möglicher Gefahren signalisieren. Auch bei der Fernsehberichterstattung, insbesondere privater Sender, wurden ähnliche Tendenzen festgestellt.

Natürlich gibt es in der vielfältigen Medienlandschaft auch Gegenbeispiele: Bei Musiksendern sind Moderatoren ganz verschiedener Herkunft vertreten, von öffentlich-rechtlichen Sendern werden oft fundierte Dokumentationen ausgestrahlt, und auch die Presselandschaft ist ja bekanntlich sehr differenziert. Insgesamt jedoch sind die genannten Tendenzen deutlich überrepräsentiert, vor allem im Hinblick auf die außergewöhnlich hohen Leser- bzw. Zuschauerzahlen von Boulevardpresse und Privatsendern.

Um noch einmal auf die vieldiskutierte Rolle der Medien bei der Schaffung von Fremdbildern und Feindbildern und bei der Förderung von (Nachahmungs-)taten zurückzukommen, seien hier stichpunktartig einige gegensätzliche Argumente aufgeführt, die das Dilemma und die Paradoxie, in der die Medien selbst verhaftet sind, veranschaulichen:

Massenmedien, wie vor allem Fernsehen und Presse, geben bestimmten Alltagsdeutungen eine verhängnisvolle Öffentlichkeit. Da vor allem im Tagesgeschäft selten genug differenzierte Erklärungsansätze geboten werden können, bekommen extreme (und damit medienwirksame) Positionen oft einen exklusiven Status.

Allein die pure Medienpräsenz kann dann das Ereignis erzeugen, von dem im Augenblick noch nicht berichtet werden kann; »Medienpräsenz garantiert einen Aufmerksamkeitsbonus, der als Auslöser einer Gewalttat bislang noch gefehlt hat. Wer ›Heil Hitler‹ schreit, wird medial beachtet (und das weiß auch noch der dümmste Hooligan).« Den Medien wird vorgeworfen, daß diese garantierte Beachtung beispielsweise skandalöser Aufmärsche in der rechtsextremen Szene den Skandal vervielfältige.

Wiederum verkehren sich auch manche der gut gemeinten, »fremdenfreundlichen« und in vieler Hinsicht differenzierten Produktionen in ihr Gegenteil, wenn Zuwanderer und Flüchtlinge nicht in ihren normalen (modernen) Lebensbezügen innerhalb der deutschen Gesellschaft wahrgenommen werden, sondern vor allem in Rollen und Zusammenhängen von Tradition, Fundamentalismus, Schleier, Großfamilie, Blutrache usw., und wenn dadurch dieselben Vorurteile und Stereotype von Rückständigkeit und kultureller Eigenart reproduziert werden, die man doch gerade abbauen wollte. Manchmal werden auch im Sinne der *political correctness* plötzlich neue Sprachregelungen geschaffen und ethnische Hinweise (z.B. bei Berichten über Kriminalität im Drogenmilieu) zwischen den Zeilen versteckt (wie sogar in der Boulevardpresse als Folge einer gewissen Betroffenheit nach rassistischen Anschlägen zu beobachten ist), was zur Folge hat, daß der Leser dieser Magazine mißtrauisch wird, die zwischen den Zeilen versteckten Botschaften erahnt und sich nun gerade die Affekte verstärken. Auch diese Form der Berichterstattung birgt also ihre Tücken, besonders, weil sie unglaubhaft ist.

Trifft also das alte Sprichwort zu: »Reden ist Silber, Schweigen ist Gold«; sprich: Sind die Medien dazu verdammt, egal wie sie berichten, immer das Falsche zu tun?

Offenbar stärkt man jedenfalls mit jeder öffentlichen Argumentation auch immer die andere Seite und fördert damit die Position, die man eigentlich ablehnt.

Ist Schadensbegrenzung demnach die einzige journalistische Alternative? Natürlich gibt es nicht *die* Medien und auch nicht *die* Lösung, da die gesellschaftlichen Ursachen des Problems, in denen sich Journalisten selbst verstrickt finden, weitreichend sind und durch die mediale Öffentlichkeit zwar verstärkt und verzerrt werden können, von ihr aber nicht eigentlich neu geschaffen werden. In den anfangs genannten Untersuchungen wird als positive Empfehlung formuliert, daß »Fremde« als Zielgruppe der Medienwirtschaft etabliert und Mitarbeiter ausländischer Herkunft in Redaktionen beschäftigt werden müßten und daß in Fernsehserien eine emotionale Identifikation mit ausländischen Protagonisten ermöglicht werden sollte.

Als positiver Versuch sind all jene Produktionen zu werten, die sich dieser Diskussion stellen und (wie der WDR) daraus Schlußfolgerungen ziehen, die zu einer Selbstkontrolle im Bewußtsein der eigenen meinungsbildenden Macht führen und die ihre Produktionen vor dem Hintergrund einer gesellschaftlichen Verantwortung betrachten.

Fremd sind wir uns selbst

Aus der Vielfalt von Denkmustern und Erklärungsansätzen zum Thema Fremdheit in Alltag und Wissenschaft konnten hier nur einige stichpunktartig herausgegriffen werden. Im alltäglichen Bereich hätte man als Beispiele für die Vielfalt des anderen, mit dem heute jeder direkt oder indirekt zu tun hat, auch schwule oder lesbische Lebensweisen nennen können oder andere Randgruppen, die in der Gesellschaft allgemein als fremdartig gesehen werden: Behinderte, Aidskranke, Obdachlose, Drogensüchtige. Auch die Rolle der Frau könnte historisch oder im Kulturvergleich herangezogen werden, wobei sich einige Beispiele in Geschichte und Gegenwart finden ließen, die das Thema Frauen in die Nähe der Fremdheitsdiskussion rücken. Das alles ist jedoch ein weites Feld und kann in diesem Rahmen nicht weiter ausgeführt werden, auch wenn damit eine gedankliche Verkürzung einhergeht. Und doch ist bereits jetzt die Fülle und Heterogenität des Phänomens Fremdheit sichtbar geworden. Die verschiedenen Deutungen überlagern sich gegenseitig; wie auch in der alltäglichen Wirklichkeit unserer Gesellschaft sich alle Bereiche durchdringen, nichts unabhängig vom anderen existiert und jede Handlung unzählige Verstrickungen einschließt.

Dem tragen auch zunehmend Wissenschaftler Rechnung, die ihre angestammten Räume verlassen und sich interdisziplinär, d.h. über die Grenzen ihrer Fachgebiete hinaus, mit dem Thema befassen – aus der Erfahrung, daß der im eigenen verhaftete Blick eben nur sich selbst sieht.

So wird in diesem Zusammenhang immer wieder vom »fremden Blick« gesprochen, einer neuen Wahrnehmung, die auch die Fremdanteile im eigenen einbeziehen müsse, um das andere erfahrbar zu machen, denn »wer die Erfahrung eines anderen erforscht, kann direkt nur seine eigene Erfahrung vom anderen erkennen«. Nur unsere kulturelle Verfassung und Konditioniertheit bestimmt doch letztlich, was »fremd« und was »eigen« ist. Es wird sogar behauptet, daß »unser aktueller Seh-Input« weniger als ein Prozent dessen ausmache, was man glaubt, in der Situation wirklich zu sehen. Der Rest seien Vor-Gesehenes, Vor-Wissen, Muster, aber auch »Vision« und »Entwurf«.

Jede Wissenschaft und jeder Text liefern immer nur eine annähernde, begrenzte Darstellung der Realität. Was der oder die andere sagt, wie er oder sie sich verhält, ist immer auch eine Reaktion auf die Anwesenheit des Beobachters. Jede Kontaktsituation, jedes Gespräch wird durch diese Gegenseitigkeit bestimmt. Wer ist man selbst, welche Affekte zeigt und verbirgt man, welche Sprache, welche Gestik und Mimik verwendet man, bewußt oder unbewußt – diese Voraussetzungen können völlig unterschiedliche Realitäten schaffen.

Uns bewußt zu werden, daß Fremdwahrnehmung immer bestimmt ist von den eigenen psychischen Strukturen, von Emotionalität und Wertmaßstäben des eigenen Ichs, die einem bei genauerer Betrachtung und in manchen Situationen (wenn man »außer sich ist, sich selbst nicht wiedererkennt, sich selbst im Wege steht« usw.) selbst sonderbar vorkommen, bringt uns schließlich der Erkenntnis näher: Wir leben inmitten der Fremde, und fremd sind wir uns selbst.

Ausgrenzung
und Integration

*Wenn ein Vorurteil erst einmal errichtet ist, erfaßt
es eine völlig heterogene Gruppe von Menschen, deren
einziger gemeinsamer Nenner das Vorurteil selbst ist.*
Alberto Manguel

Das Selbst und das Wir entstehen immer durch Grenz-
ziehungsprozesse, die sowohl das Moment des Aus-
schlusses als auch das der Integration beinhalten.

Die Ausgrenzung dient dabei der Herstellung von
Harmonie, einem Grundmuster des Identitätsdenkens im
Alltagsbewußtsein. Diese Identität kann nur durch ein
System von Regeln hergestellt werden, die festlegen, wer
einbezogen wird, also dazugehört. Diese Regeln stellen
die Voraussetzung für Integrationshandlungen dar und
schützen gleichzeitig gegen Fremdes, indem sie dessen
Ausschluß begründen.

Xenophobie, Ethnozentrismus und Rassismus sind
Aspekte des negativen, ausgrenzenden Umgangs mit
Fremdheit. Will man die Begriffe erklären, begibt man
sich schnell auf das verminte Gebiet politisch korrekter
Sprachregelungen, die nur ein Hinweis darauf sind, daß
noch keine hinlänglich ausreichende Terminologie für
Prozesse und Mechanismen von Ausgrenzung und
Gewalt, aber auch von Vereinnahmung durch Integration,

*Beitrag Kölner Schülerinnen
zur Plakataktion »Rassismus
im Alltag«, Köln 1998.*

Ph. © Bündnis
gegen Diskriminierung,
Köln.

für subjektive Gefühle und politisch verantwortete Stimmungen gefunden wurde, eine Semantik also, die sowohl in der Lage wäre, wertfrei zu beschreiben als auch angemessen zu differenzieren.

Xenophobie bedeutet wörtlich übersetzt »Fremdenangst« und gehört eher zur Terminologie der Ethnologen und Verhaltensforscher. Aus biologischer Sicht sind die Ablehnung des Fremden und die Fremdenfurcht ein wichtiger Bestandteil des menschlichen Verhaltensrepertoirs, der aus der stammesgeschichtlichen Anpassung hervorgegangen ist, schon im jüngsten Kindesalter auftritt, sich im Erwachsensein fortsetzt und durch Erziehung lediglich modifiziert werden kann. Bereits im Verhalten des Kleinkindes (»Achtmonatsangst«, »Fremdeln«) zeige sich, so die Humanbiologen, daß dieses Phänomen genetisch bedingt und dem Menschen entwicklungsgeschichtlich eigen sei.

Ob Xenophobie dann beim Erwachsenen ebenso unvermeidlich sein muß, ist allerdings die Frage, die alle Diskussionen und Kontroversen über die Thematik »Fremdheit« zu beantworten suchen.

Wie ein egozentrischer Mensch seine Umwelt nur nach seinen persönlichen Standards bewertet, so schätzt eine ethnozentrische Gesellschaft ihre eigenen Strukturen und Ordnungskategorien als überlegen ein. Der Ethnozentrismus wird allgemein als konstituierendes Merkmal einer Gesellschaft betrachtet, trägt also auch integrierende Momente in sich, indem er einen Katalog von Zugehörigkeitskriterien entwirft, die den Einschluß der Mitglieder legitimieren. In allen bekannten menschlichen Gesellschaften findet eine Mehrzahl der dieser Gesellschaft Zugehörigen ihre kulturelle Gemeinsamkeit in der Abgrenzung gegen andere. Fast alle Gesellschaften/Nationen rechtfertigen ihre Existenz durch eine Reihe von Selbstzuschreibungen, die sich immer auffallend von den Fremdzuschreibungen der anderen unterscheiden. Funktionierende Selbstzuschreibungen und Fremddefinitionen setzen voraus, daß für diesen Zweck alle Ungereimtheiten und Unstimmigkeiten, alles, was nicht ins Bild paßt, geflissentlich vergessen werden. Zum Zweck der Selbst- und Fremdbestimmung werden Sprache und Eßgewohnheiten, Heiratsvorschriften und andere Regelsysteme, mündliche Überlieferungen (wie insbesondere Abstammungsmythen) und nicht zuletzt auch optische Kriterien herangezogen.

Die Ethnologie kennt viele Beispiele dafür, daß die deutliche Abgrenzung von anderen Gruppen als lebensnotwendig angesehen wird und sich sogar in der Sprache, angefangen mit der Benennung der eigenen Gruppe, manifestiert. Die Eskimo nennen sich *Inuit*, d.h. Mensch, sie wiederum werden von ihren Nachbarn als »Rohfischesser« (= *Eskimo*) bezeichnet. Auch der biblische Name Adam bedeutet Mensch (*nicht* Frau; so wird z.B. im Türkischen *adam* ebenfalls als »Mensch« und »Mann« übersetzt, aber nicht als »Frau«. Dieser Ausschluß ist ja bekannterweise in vielen Sprachen zu finden, auch im deutschen Pronomen »man«. Auch dies wäre eine eigene Betrachtung wert, zeigt aber auch ohne weitere Ausführungen, daß der Ausschluß sogar die Nächsten betreffen kann, nicht nur die entfernten Fremden.).

Auch *Bantu* heißt Mensch, ebenso *Khoi-Khoin*, welche bezeichnenderweise im europäischen Raum unter der abwertenden Bezeichnung Hottentotten, was auch Stotterer bedeutet, bekannt sind. Die Deutschen nennt man auf Russisch *Nemez*, was von *nemoj* (= »stumm«) kommt, und der allseits bekannte Begriff »Barbar« (von griech. *barbaros*) bezeichnete ursprünglich Nichtgriechen, die mit dieser Benennung als stammelnde, lallende, also rohe und ungebildete Zeitgenossen abgewertet wurden.

Menschen nach ihren Sprech- oder Eßgewohnheiten zu benennen ist auch in der europäischen Kultur üblich. Man beschimpft sich als »Kümmeltürke« oder »Spaghettifresser«, und die Deutschen heißen im englischen Sprachraum »Krauts«, eine Anspielung auf ihre angebliche Vorliebe für Sauerkraut.

In seinem Buch *Der Name als Stigma* hat Beltz am Beispiel der Judenverfolgung übrigens die Funktion negativer Zuschreibungen durch den Mißbrauch von (Vor-)Namen untersucht, für den sich auch im aktuellen Sprachgebrauch noch Zeugnisse finden lassen: der Ali, der Iwan, der Moshe als Personifizierung des »ewig anderen«.

Die Definition der eigenen Gruppe hat stets auch mit der Definition derer zu tun, die davon unterschieden werden. Damit einher geht die Zuschreibung negativer Eigenschaften, die den Ausschluß anderer legitimieren sollen. Polen werden als »Pollaken«, Vietnamesen als »Fidschis«, Japaner als »Japse« bezeichnet, oder man spricht generalisierend von »dem Russen«, der als die Verkörperung menschlicher Bedrohung erscheint: »Der Russe kommt.« Die Beispiele ließen sich beliebig fortsetzen.

Ob erst oder schon hier die Schwelle von einem als normal betrachteten Ethnozentrismus zu aggressiven Vorurteilen und gewalttätigem Rassismus gesehen werden muß oder wo diese Schwelle sonst liegt, ist schwer zu sagen. Alain Finkielkraut sprach einmal von der »mütterlichen Wärme des Vorurteils«, und meinte wohl damit das Gefühl sozialer Nähe und Geborgenheit, das im gemeinsamen Vorurteil entsteht.

Für den Begriff Rassismus gibt es eine allgemein anerkannte Definition von Albert Memmi, die in die *Encyclopaedia Universalis* aufgenommen wurde und damit als gültig für Forschung und Lehre angesehen wird: »Der Rassismus ist die verallgemeinerte und verabsolutierte Wertung tatsächlicher oder fiktiver Unterschiede zum Vorteil des Anklägers und zum Nachteil seines Opfers, mit der seine Privilegien oder seine Aggressionen gerechtfertigt werden sollen.«

Albert Memmi schlägt vor, den Terminus Rassismus nur im biologischen Zusammenhang zu verwenden und für eine Benennung von Ablehnung verschiedener gesellschaftlicher Gruppen den Begriff »Heterophobie«* einzuführen. Dabei betont er, daß die Zurkenntnisnahme von Unterschieden und eine allgemein »phobische Reaktion« in Kontaktsituationen noch nicht zwangsläufig in Feindseligkeit münden müsse. Erst die Bewertung der Unterschiede und die Zuschreibung negativer Merkmale (Stigmatisierung) berge den wirklichen Gefahrenmoment.

Die Frage ist dennoch, wann ein Abgrenzungsbedürfnis, wann und wie negative Zuschreibungen sich in aggressive, gewalttätige Vorurteile verwandeln können. Dabei muß außerdem zur Kenntnis genommen werden, daß es sich bei Fremdenfeindlichkeit oder Rassismus eben nicht nur um ethnisch motivierte Haltungen handelt, wie sie in den oben genannten Beispielen benannt wurden, sondern daß der Riß quer durch die Gesellschaft läuft und sich oft genug an sozialen Unterschieden festmacht. Daß also nicht nur »ethnisch fremde Ausländer«, sondern ebensooft auch Behinderte, Kranke usw. betroffen sind.

Sollte nicht eigentlich in einer modernen Gesellschaft, die in ihrem Wesen ja schon heterogen ist und so auch die verschiedensten Lebensformen ermöglicht und erfahrbar macht, die »Angst vor dem Fremden« abnehmen? Handelt es sich überhaupt um Angst, oder sind Angst und Bedrohungsgefühl nicht eher Legitimationsargumente für Gewalthandlungen, die aus einer gewissen Machtposition heraus entstehen?

Jedenfalls entwickeln sich in der heutigen Gesellschaft immer neue Abgrenzungs- und Ausgrenzungsmuster, die so lange durchaus legitim sind, wie sie nicht in Diskriminierung und Gewalt umschlagen. Sozialwissenschaftler haben dieses Paradoxon als logische Entwicklung gedeutet, die es dem Menschen ermöglicht, mit der Vielfalt zurechtzukommen. Abgrenzung also als Schutzmechanismus, Ausschluß als Auswahl unter den tausend Möglichkeiten, Gleichgültigkeit als legitime Umgangsform unter der Voraussetzung, daß es auch *gleich gültige* Voraussetzungen für alle gibt.

So wird auch in der Literatur der 90er Jahre zum Thema Rassismus immer wieder vermerkt: Der Umgang mit den Fremden ist nicht ein Fremden- oder Ausländerproblem, sondern ein bewußter Konflikt, der mit dem Selbst, der Bestimmung des »Wir« zu tun hat. Denn in allen Fremdbildern finden wir Anteile des gesellschaftlich und individuell Unbewußten. Wie vorher schon beschrieben, geht die Psychologie spätestens seit Freud davon aus, daß Fremdheit, wenn sie uns »gegenübertritt«, uns nicht so sehr deswegen ängstigt, weil sie verschieden ist, sondern weil wir eigene Wünsche projizieren, verdrängte Erinnerungen aufkommen, weil wir anderen Fähigkeiten unterstellen, die wir selbst gern hätten, und durch all das letztlich unsere scheinbare Ruhe gestört wird.

Dieses imaginäre Bild, in dem sich Reales und Unbewußtes, Erfahrung und Einbildung mit der Absicht, Grenzen zu ziehen, um wieder »zur Ruhe zu kommen«, verbinden, in dem es weder eine Logik von Zeit und Raum, noch eingestandene Widersprüche gibt, benötigt in Wirklichkeit nicht einmal die Anwesenheit des Fremden, da die Vorstellung sich selbst genügt. Es reicht zu wissen, daß Fremde immer viele sind und bedrohlich werden könnten.

Anhand der Geschichte der Judenverfolgung läßt sich dies am deutlichsten sehen: Daß die Juden den ihnen

exemplarisch zugeschriebenen Eigenschaften nicht ent-
sprachen, wurde noch als besondere Hinterlistigkeit
gewertet und machte sie zu unheimlichen (weil unsichtbaren) Fremden. Ihnen wurde der Judenstern angeheftet,
um sie als Fremde sichtbar zu machen.

Auch die öffentlich gewordene Fremdenfeindlichkeit
in den neuen Bundesländern zu Beginn der 90er Jahre,
als »Ausländer und andere Fremde« dort praktisch noch
gar nicht oder weitgehend unsichtbar existierten (Vietnamesen, Algerier, Kubaner lebten unauffällig in Wohn-
heimen fast ohne Kontakt zu den deutschen Nachbarn,
waren im Straßenbild kaum präsent; russische Soldaten
und Offiziere blieben in den Kasernen oder mit ihren
Familien im Umfeld der Kasernen, wo es eigene Ge-
schäfte und Schulen gab, lebten also ebenfalls weitgehend getrennt vom Großteil der deutschen Bevölkerung),
zeigt, daß es für Ausländerfeindlichkeit nicht unbedingt
deren Anwesenheit in Form von Kontaktsituationen
bedarf.

Im übrigen kann auch jede Form der Xenophilie, der
»Ausländerfreundlichkeit« oder der »positiven Diskriminierung«, die ein idealisiertes Bild konstruiert, also
künstlich versucht, bestehende Differenzen aufzuheben,
und dadurch erneut künstliche Differenzen schafft, nicht
die Lösung des Rassismusproblems sein.

Fremdheit an sich gibt es nicht. Fremdheit ist keine Eigenschaft von Dingen oder Menschen, sondern beschreibt eine Beziehung zwischen ihnen, die sich in einer Vielfalt von Gefühlen, Vorstellungen, Situationen äußert. Das Gefühl von Fremdheit gehört zum Alltag eines jeden Menschen, und doch kann es irritieren und sogar Angst erzeugen.

Wie können wir produktiv mit Fremdheit umgehen? Wie vollzieht sich die Integration von einander fremden Menschen? Fremdheit ist ein normaler Bestandteil des städtischen Lebens in der modernen Gesellschaft und wird damit zur Herausforderung, zum Lernanlaß.

Leben
mit der Fremdheit

Fremde in der Stadt –
vertraute Fremdheit

*Es soll auf den Namen der Stadt kein besonderer
Wert gelegt werden. Wie alle großen Städte bestand
sie aus Unregelmäßigkeit, Wechsel, Vorgleiten,
Nichtschritthalten, Zusammenstößen von Dingen
und Angelegenheiten, bodenlosen Punkten
dazwischen, aus Bahnen und Ungebahntem, aus einem
großen rhythmischen Schlag und der ewigen
Verstimmung und Verschiebung aller Rhythmen
gegeneinander, und glich im ganzen einer kochenden
Blase, die in einem Gefäß ruht, das aus dem
dauerhaften Stoff von Häusern, Gesetzen, Verordnungen
und geschichtlichen Überlieferungen besteht.*
Robert Musil, *Der Mann ohne Eigenschaften*

Die Großstadt

Großstädte haben etwas Faszinierendes: Romane und
Filme, Dokumentationen oder Reiseberichte und Fernsehserien erzählen von ihrer magischen Anziehungskraft,

---

Integration im Alltag
(vorhergehende Seite)

Marktleben in Köln-Nippes.
Ph. © E. Yildiz.

von den unendlichen Möglichkeiten der Metropolen und den allgegenwärtigen Gefahren. Sie sind Schauplätze glänzender Karrieren und maßloser Eitelkeiten, Sammelbecken von Verrückten und Außenseitern, Tatorte und Sündenpfuhle, Transiträume für die einen, Endstation für die anderen. Großstädte versprechen Neuanfang und Freiheit, sie sind Zielorte für Glückssucher und Gestrandete, Berufsanfänger und Aussteiger. Der Rhythmus der Städte ist schnell, täglich ändern sie ihr Gesicht, sie rasen mit der Zeit, und ihre Fixpunkte sind die Veränderungen. Und dies alles ist einerseits der Rahmen für ganz normale, in geregelten Bahnen verlaufende Biographien und andererseits der Anlaß zur öffentlichen Auseinandersetzung über den unaufhaltsamen Zerfall der Städte.

Die moderne industrielle Großstadt, wie sie sich in der zweiten Hälfte des 19. Jahrhunderts in Europa durchsetzte, war der Kristallisationspunkt eines sozialen Wandels, der, wenn auch mit unterschiedlicher Stärke, sowohl die Städte als auch das ländliche Leben betraf. Was seitdem als urbanes Leben beschrieben wird, markiert eine besondere städtische Lebensweise, Urbanität als Verhaltensstil, Lebensform und Gestaltungsprinzip.

Im 19. Jahrhundert nahm die Bevölkerungsdichte rasant zu. Die neuen und schnell expandierenden industriellen Arbeitsmärkte fanden sich überwiegend in den vorhandenen Städten, die zu Zielen gewaltiger Wanderungsströme wurden. Die Zuwanderer kamen aus immer entfernteren Orten. Heterogenität, Größe, Dichte, Unüberschaubarkeit und Dynamik wurden zu den Merkmalen, die die Wahrnehmung der industriellen Großstadt zunehmend prägten. Der Soziologe Georg Simmel beschreibt die Eindrücke, die die Großstadt damals bei den Beobachter hinterließ, als »... die rasche Zusammendrängung wechselnder Bilder, der schroffe Abstand innerhalb dessen, was man mit einem Blick umfaßt, die Unerwartetheit sich aufdrängender Impressionen«. Die moderne Großstadt der Jahrhundertwende wurde als ein Raum geschildert, in dem eine Überfülle kurzer, heftiger, schnell wechselnder und sehr verschiedenartiger, vor allem optischer Eindrücke auf den Betrachter einstürzen, und dies um so mehr, je größer Zahl und Dichte der Bevölkerung sind. Markt und Geldwirtschaft, Vielzahl und Dichte der Bevölkerung ermöglichen und erzwingen auch heute noch eine immer weitergehende Spezialisierung sowohl der Produktion als auch des Angebotes von Gütern und Dienstleistungen. In der Großstadt findet sogar das ausgefallenste Angebot noch genügend Käufer, hier gibt es noch für die speziellsten Dienstleistungen ein nachfragendes Publikum. Das differenzierte Angebot wiederum ermöglicht seinerseits eine Differenzierung der Bedürfnisse.

Als ein weiteres Merkmal der Großstadt gilt ihre Heterogenität. Diese entsteht nicht nur als Ergebnis fortgeschrittener Arbeitsteilung, sondern wird auch durch die Zuwanderung von »Fremden« in die Stadt bewirkt. Simmel schreibt der sozialen Situation des Fremden eine besondere Produktivität zu: Dem Fremden seien verschiedene Kulturen bekannt, ohne daß er einer von ihnen ganz angehören würde. Dadurch sei er in besonderer Weise fähig, sich in der Stadt zurechtzufinden, aber auch gezwungen zu kritischer Reflexion.

Die Stadt als Ort von Heterogenität, Größe, Dichte, hochspezialisierter Arbeitsteilung und Fremdheit trieb seither die Individualisierung voran: Positiv, indem eine differenzierte Arbeitsteilung und hochdifferenzierte Marktangebote den Individuen sehr unterschiedliche Berufs- und Konsummöglichkeiten, also individualisierte Lebensweisen eröffneten; negativ, indem sie den einzelnen aus Traditionen und sozialen Kontrollen herauslösten. Fremdheit und Arbeitsteilung, beides Ursachen und Folgen von Heterogenität, Dichte und Größe der industriellen Stadt des 19. Jahrhunderts, sind Bedingungen für die besondere ökonomische, politische wie kulturelle Produktivität der urbanen Lebensweise. Die Großstadt wurde zu einem Erfahrungsraum, der alle Provinzialität, alle Enge hinter sich läßt, dem eine Vielfalt der Weltanschauungen, Lebensweisen und Kulturen innewohnt, der Subjektivität und Subjekterfahrung zuläßt. Sich in der Großstadt mit ihrem permanenten Wechsel der Eindrücke, ihrer verwirrenden, verunsichernden Vielzahl an Signalen und ihren bruchstückhaften Räumen zu orientieren war immer schon ein Abenteuer, das von dem Neuankömmling eine gewisse Anpassungsleistung fordert. Das Faszinierende der Großstadt ist ihre ständig neu entstehende Vielfalt, eine Einheit heterogener Lebenswelten, Kulturformen und einzigartiger Biographien. Von daher ist es nicht die Größe an sich, die eine Großstadt bewundernswert macht, sondern die in dieser Quantität enthaltene Vielfalt.

Die Stadt des 20. Jahrhunderts: Differenz und Integration

Während sich im 19. Jahrhundert der Blick auf die oben genannten positiven Aspekte des städtischen Lebens richtete, stand im 20. Jahrhundert eher die Ambivalenz, d.h. die Zwiespältigkeit und Widersprüchlichkeit der Urbanisierung im Mittelpunkt vieler Darstellungen. Aus dieser Sicht wurde die moderne Großstadt nicht nur als Ort der Individualisierung, sondern vor allem als Ort der Vereinsamung, des Zerfalls sozialer Bindungen beschrieben. Der Fremde bedeutete nicht nur eine produktive Figur, sondern wurde zur gefährdeten (und später gefährlichen) Existenz. Nach und nach wurde das Leben zwischen unterschiedlichen Kulturen als problematisch empfunden, als etwas, das persönliche und soziale Katastrophen zur Folge haben konnte.

Festzuhalten bleibt, daß die Stadt im 20. Jahrhundert mit ihren Fremden einerseits als ein Ort der unbegrenzten Möglichkeiten für ein selbstbestimmtes Leben gesehen wird, daß sie andererseits aber auch als ein Ort erscheint, an dem sich der einzelne mit spezifischen Problemen konfrontiert sieht und dadurch überfordert fühlt. So steht die Frage der Integrationsfähigkeit moderner Großstädte im Brennpunkt der öffentlichen Aufmerksamkeit: Was hält die Gesellschaft zusammen? Dichte wird zwar als Bedingung für eine große Zahl sozialer Beziehungen angesehen, damit aber nicht automatisch als ein taugliches Bindemittel für den Zusammenhalt der sich weiter ausdifferenzierenden Gesellschaft.

Vor diesem Hintergrund geht es bis heute um die Frage, wie der Zusammenhalt einer Großstadt, die einerseits durch eine gewisse Anonymität und Unübersichtlichkeit und andererseits durch verstärkte Einwanderung gekennzeichnet wird, zu garantieren ist. Diese Fragestellung war in den 30er Jahren beispielsweise für die »Chicagoer Schule«* ein Anlaß, von Anfang an die soziale Integration der Menschen in der Stadt in den Mittelpunkt zu stellen. Chicago war in den ersten Jahrzehnten des 20. Jahrhunderts mit verschiedenen großen Einwanderungswellen konfrontiert, was im Laufe der Zeit zur Entstehung einer Reihe von Einwandererviertel führte. Diese neue sozialräumliche Struktur der Stadt Chicago wurde als ein Mosaik verschiedener Welten beschrieben. Indem jede Gruppe eine ihr gemäße

Nische in der Stadt schuf, entstand ein differenziertes Gleichgewicht verschiedener, arbeitsteilig aufeinander bezogener Lebenswelten, in denen die Menschen die ihnen angemessene Lebensweise praktizieren konnten. Dieses Mosaik aus kleinen Welten wurde als ein Stück Vertrautheit für die neu eingewanderten »Fremden« gesehen.

Großstadt darf nicht nur, wie in aktuellen Diskussionen üblich, als Ort der Entfremdung interpretiert werden, sondern muß auch als Ort der Emanzipation, des selbstbestimmten Lebens gesehen werden. Zwar nimmt gerade in der Stadt die Entfremdung oft kritische Ausmaße an, doch kann diese sich letztlich (auch für den einzelnen) als produktiv und zukunftsweisend herausstellen. Großstädte sind als Zerstörer von Traditionen, als Laboratorien moderner Individualität und Persönlichkeit anzusehen.

Darüber hinaus sind auch Gleichgültigkeit, Distanz und Abwendung – so zynisch das zuerst klingen mag – ein normaler Bestandteil städtischen Lebens, ohne den diese Art des Zusammenlebens nicht denkbar wäre. Soziale Distanz bedeutet, daß die alltäglichen Kontakte einander fremder Menschen immer weniger durch sachliche Gemeinsamkeiten der Lebenslage, normative Übereinstimmungen oder identische Lebensformen bestimmt werden. Sie läßt damit die freie Auswahl unter verschiedenartigen sozialen Beziehungen zu. Wie wir noch sehen werden, hindert das die Stadtbewohner keineswegs daran, soziale Beziehungen (meist problemlos) aufzunehmen und zu gestalten. Gerade die Konfrontation unterschiedlichster Persönlichkeiten, Biographien und Lebensformen bringt im allgemeinen verschiedene Perspektiven hervor und schafft ein Gefühl der Toleranz gegenüber der Vielfalt von Differenzen; dies hat vor allem mit dem rasanten Wechsel des Verschiedenen, des Unbekannten, des Fremden zu tun. Und so besteht das Zusammenleben von Menschen in den eigentlich so unpersönlichen Großstädten in einer heiklen Balance, die durch Distanz und Anonymität ermöglicht und aufrechterhalten wird – die Voraussetzung für persönliche Freiheit. Die vorbestimmte Solidarität traditioneller Gesellschaften mit ihren normativen und moralischen Bindungen wird überwunden durch eine »systemische Integration*. Wenn tatsächlich eine wachsende soziale Distanz ein Hauptmerkmal moderner Gesellschaft ist, könnte man daraus nicht sogar schließen, daß es gerade diese Distanz ist, die die Gesellschaft zusammenhält?

Moderne Gesellschaften weisen eine neue Qualität sozialer bzw. kommunikativer Beziehungen auf, ohne die das in der Moderne entstandene Streben nach Individualität und die neuen, emotional hochbewerteten Sozialbeziehungen nicht bewältigt werden können. Anders als in vormodernen Gesellschaften vollzieht sich der Großteil der sozialen Kommunikation nicht zwischen miteinander bekannten und vertrauten Menschen, sondern in den Bereichen Arbeit, Freizeit, Konsum etc. zwischen einander fremden Menschen. Es ist meist nicht möglich, die Kontakte durch persönliche Beziehungen zu stabilisieren, weil dafür sowohl Zeit als auch Motivation fehlen. Daher muß eine Kommunikation »unter Fremden« in der Lage sein, soziale Beziehungen auch ohne Menschenkenntnisse, ohne »Nähe«, ohne Wertorientierungen, Weltanschauungen, Sympathien usw. herzustellen und erfolgreich zu bewältigen.

Diese Art von Begegnungen gehören zur täglichen Herausforderung und Chance, zum Risiko und der Zumutung, denen sich jeder Großstadtbewohner ausgesetzt sieht.

Stadtleben

Collage zum Thema »Rassismus im Alltag«. Beitrag Kölner Schüler zur gleich- *namigen Plakataktion, Köln 1998.* Ph. © Bündnis gegen Diskriminierung, Köln.

Fremde in der Stadt

Der Prototyp des Städters ist der Fremde, »der heute kommt und morgen bleibt«, wie der Soziologe Simmel sagte. Daher stand die Figur des Fremden seit jeher im Zentrum aller soziologischen Definitionen des urbanen Lebens. Die Stadt stellt den Raum zur Verfügung, in dem einander fremde Menschen zusammenleben. Sie ermöglicht einander Unbekannten, trotz Fremdheit miteinander zu kommunizieren und gemeinsame Aktivitäten zu entfalten.

Städte sind immer die Orte gewesen, an denen das urbane Zusammenleben bzw. das Nebeneinander von fremden, unvertrauten und unbekannten, ja sogar unverträglichen Menschen möglich war – und zwar gerade deshalb, weil die Zugehörigkeit zu einer städtischen Gesellschaft keine Bekenntnisse zu oder Anpassungen an eine spezifisch lokale Kultur, Religion oder Mentalität voraussetzt. Moderne, urbane (Groß-)Städte sind in diesem Sinne als Städte von Fremden zu interpretieren. Wir begegnen tagtäglich unzähligen Menschen, die wir nicht kennen, ohne daß uns diese Tatsache besonders beunruhigen würde. In der Stadt wird es eher als eine Überraschung erlebt, bekannte Gesichter zu sehen. Ohne Fremde und Fremdheit, ohne Zuwanderung sind Großstädte nicht denkbar.

»Leben und leben lassen« ist die Devise spezifisch großstädtischer Sozialbeziehungen, die die Chance bieten für Individualisierung und Pluralisierung der Lebensstile – und für die Integration des »Fremden«, solange er fremd bleiben kann, ohne marginalisiert und ausgegrenzt zu werden. All das ist nur möglich mit der oft beschworenen Toleranz – ein Wort, dessen ursprüngliche Bedeutung »Dulden« und »Ertragen« lautet. Toleranz basiert auf Gleichgültigkeit. Man könnte auch von einer besonderen Gelassenheit sprechen, die erforderlich ist, um ein Stadtleben zu führen, in dem Unterschiede und Widersprüche ausgehalten werden können und müssen.

Wie wir schon gesehen haben, sind fast alle Großstädte im 19. Jahrhundert durch Zuwanderung entstanden. Nach der anfänglichen Binneneinwanderung aus den umliegenden ländlichen Gebieten und Provinzen kamen später auch neue Einwohner aus anderen Regionen und Ländern. Erst mit der Zuwanderung ist das Ruhrgebiet zur größten Industrieregion Europas und sind Großstädte wie Berlin, München oder Köln zu deutschen Metropolen aufgestiegen. Hervorgegangen aus Migrationsbewegungen, sind sie von diesen auch in jeder Hinsicht geprägt worden. Zuwanderung war in der Geschichte noch nie eine Ausnahme, sondern eher die Regel.

Die »Fremden« brachten nicht nur neue Fähigkeiten und neues Wissen mit, sondern sie trugen und tragen immer noch zur Erneuerung und Vervielfältigung der Stadtkultur bei. Die Produktivität der Stadt basiert – wie oben dargestellt – immer auf Dichte, Größe und Heterogenität, eben Differenz. Sozialwissenschaftler betonen oft die Bedeutung urbaner Qualität und meinen damit die Kultur der Differenz. Die Stadt ist als ein Ort zu betrachten, wo unterschiedlichste Lebensformen, Lebensstile, verschiedene Milieus und Orientierungen dicht nebeneinander existieren und zugleich auch in konstruktiven Austausch und Dialog zueinander treten. Und gerade die oft kritisierte Anonymität und Isoliertheit der Städte bietet, bei genauer Betrachtung, auch die Möglichkeit für neue Perspektiven und Kreativität, die immer schon eng mit urbanem Leben verbunden waren.

Die Anonymität der Großstädte ist ja gerade die Vorbedingung dafür, daß nicht jede Verhaltensweise kontrolliert und an Konventionen gemessen wird. Dieses Unbekanntsein in der Stadt hat auch eine magische Anziehungskraft: Es vermittelt dem einzelnen zumindest die Hoffnung, sein Leben mehrmals von vorn beginnen zu können, ohne auf alte Rollen und Geschichten festgelegt zu werden. G. Simmel leitet aus der Anonymität des städtischen Lebens nicht die möglichen negativen Folgen ab, sondern versucht im Gegenteil, die positiven Aspekte der sozialen Distanz für die alltägliche Lebensführung aufzuspüren. Die distanzierte und damit wenig kontrollierbare Lebensform läßt mehr persönliche Freiheit zu, stellt mehr Spielräume für eine Individualisierung zur Verfügung. Auf diese Weise »gewinnt die Großstadt einen ganz neuen Wert in der Weltgeschichte des Geistes«.

Die moderne Großstadt bietet dem einzelnen sowohl mehr Möglichkeiten für unpersönliche als auch für besonders intensive persönliche Beziehungen. Häufiger als je zuvor begegnet man einander heute in seinen gesellschaftlichen »Rollen« – z.B. als Schüler, Sachbearbeiter oder Lehrer. Aus diesem Grund gewinnen die relativ wenigen Beziehungen, die tatsächlich persönlich werden, qualitativ an Gewicht, bis schließlich eine Einzelperson gefunden ist, an der prinzipiell alle Eigenschaften bedeutsam erscheinen.

Da aber das städtische Zusammenleben auch mit Spannungen und Konflikten verbunden ist, muß es für alle verbindliche und universelle Normen geben, die den Freiraum für Differenzen erst ermöglichen. Das Recht, anders zu sein, muß für alle Bewohner der Stadt gleichermaßen gelten. Daher ist ein Minimum an universell gültigen Regeln notwendig, in denen das Anderssein seine Grenze findet. Ein Menschenrecht auf Differenz ist unvereinbar mit einer Haltung, die für sich den Anspruch begründet, anderen das Recht auf Anderssein zu verwehren.

Die Urbanität als produktiver Umgang mit Differenz setzt systemische Integration voraus. Materielle und systemische Sicherung gehören dabei zu den Bedingungen für soziale Integration. Ohne funktionierende Arbeitsmärkte und ein Netz sozialer Absicherung kann sie nicht funktionieren. Soziale Integration wird erst dadurch garantiert, daß die Gesellschaft jedem eine ökonomisch gesicherte Existenz und eine fraglos gesellschaftlich nützliche Rolle zuweist. Heute profitieren die unteren Schichten nicht mehr von den Wachstumsgewinnen, und der Arbeitsmarkt als zentraler Mechanismus der Integration versagt schrittweise. Die Zahl der Langzeitarbeitslosen nimmt zu, bestimmte Gruppen wie eingewanderte Minderheiten werden gesellschaftliche Ressourcen vorenthalten. Inzwischen ist es nicht mehr auszuschließen, daß durch die Marginalisierung großer Bevölkerungsgruppen, d.h. die verschärfte Herausbildung von Randgruppen und Unterschichten, Verhältnisse entstehen, wie sie in amerikanischen Gettos oder französischen Vorstädten herrschen.

Trotz dieser fraglos negativen Tendenz zeigt sich, daß die städtische Lebensweise nach wie vor durch Qualitäten wie Spielräume in der Lebensgestaltung, Chancen unterschiedlicher intellektueller, politischer und kultureller Begegnungen und Diskurse sowie ökonomische Möglichkeiten gekennzeichnet ist, welche die Bausteine der Stadtkultur bilden. Eigenschaften urbanen Zusammenlebens sind demnach das Ineinander von physischer Nähe und sozialer Distanz, die Anonymität des sozialen Verkehrs und der kosmopolitische Charakter der Begegnungen – praktisch heißt das auch Bewegung, Veränderung, Flüchtigkeit, Unverbindlichkeit, Ungebundenheit, Anonymität; kurz: eine prinzipielle Offenheit.

Um die Entfaltung von Urbanität zu fördern, gilt es vor allem, angemessene Rahmenbedingungen zu schaffen, das Klima zu schützen, das zum Gedeihen von Urbanität nötig ist. Dazu gehört auch die Tolerierung »störender« Elemente, seien diese nun gesellschaftliche Außenseiter oder kulturell Fremde, denn die Freiheitsspielräume, die eine Großstadt gewährt, müssen für alle gelten.

Die Grundelemente des städtischen Lebens wie Anonymität, Heterogenität, Mobilität sind Bedingungen für die Entfaltung von vielfältigen kulturell differenzierten Lebens- und Erlebniswelten. Man beobachtet in den

Städten verschiedene Wohnviertel, Gewerbegebiete, verschiedene Milieus, moralische Nischen, verschiedene Subkulturen usw. In diesem Kultur-Kaleidoskop finden auch der Außenseiter, der Einzelgänger und der Exzentriker noch ein Milieu, das es ihnen ermöglicht, ihre Anliegen, Neigungen und Talente zu entfalten. »Ein paar Schritte von meiner Wohnung gab es jedes Abenteuer der Welt, und eine Meile weiter dünkte ich mich in jedem fremden Land«, so beschreibt John Reed die Faszination, welche die kulturelle Vielfalt New Yorks im ersten Jahrzehnt des 20. Jahrhunderts auf ihn ausübte.

Marktleben

Man kann die Stadt als einen Marktplatz betrachten und das Marktverhalten als Sinnbild für das städtische Leben. Marktbeziehungen erfassen den einzelnen nur ausschnitthaft und partiell. Auf einem Markt ergeben sich zwar eine Fülle von Kontakten, aber sie werden rollenspezifisch wahrgenommen, als Anbieter oder Kunde, als Verkäufer oder Käufer. Kontakte auf dem Markt sind beliebig, und es sind Kontakte zwischen einander prinzipiell Unbekannten. Man muß den Verkäufer nicht kennen, um seine Ware bei ihm zu kaufen. Der Markt ist ein offenes System: Das Individuum ist innerhalb bestimmter Grenzen frei, Kontakte aufzunehmen, mit wem und zu welchem Zweck es will. Der Markt der Stadt ist charakterisiert durch »unvollständige Integration«*. Neben diesen ständigen, flüchtigen Kontakten mit Unbekannten auf dem Markt bzw. in der Öffentlichkeit braucht der Mensch aber auch eine Privatsphäre, einen Schonraum, in dem sich Entfaltungsmöglichkeiten für Individualität bieten. Somit ist die unvollständige Integration zudem die Bedingung für eine mögliche Privatheit. Durch die Trennung beider Bereiche gewinnt die Privatheit, erlangen private Beziehungen, Individualität und Persönlichkeit eine neue Qualität und ein neues Gewicht.

Polarität und Wechselbeziehungen zwischen Öffentlichkeit und Privatheit sind die Hauptmerkmale, in denen sich die städtische Lebensweise von der dörflichen unterscheidet. In der Stadt hat sich eine öffentliche und eine private Sphäre gebildet, die in enger Wechselbeziehung stehen, ohne daß ihre Gegensätzlichkeit verlorenginge.

Vom Umgang mit der Fremdheit – Lösungsansätze

Fremdheit als Lernanlaß

> *Das Reizvollste in meiner Welt*
> *ist das Nichtverstehen.*
> Gregory Bateson

Die Fremde, in die ich hinaus strebe, oder das Fremde, das in meinen eigenen Erfahrungsraum eindringt, sind ambivalent und können positiv wie negativ definiert und erlebt werden. In beiden Fällen handelt es sich um eine Grenzüberschreitung, die als Lernanlaß verstanden werden kann. Eine »Bildung«, die Fremdheitserfahrungen im Alltag als Grenzüberschreitung und damit als Lernmotiv begreift, dient zur Erweiterung des Erfahrungsraumes des einzelnen. Bildung zielt in dieser Hinsicht auf Horizonterweiterung.

Die Unvertrautheit als Fremdheitserfahrung führt uns vor Augen, daß unsere Erwartungen weitreichender sind als unser Wissensschatz. Sie führt permanent zur Infragestellung unserer eingelebten Gewißheiten. Eine solche Erfahrung muß pädagogisch als Lernanlaß aufgegriffen und thematisiert werden, weil wir uns ohne Fremderfahrung mit unserer Welt nicht lernend auseinandersetzen können. Welterschließung ist immer auch ein Prozeß der Verwandlung von Fremdem in Vertrautes.

Karikatur von Ugur Durak.
© U. Durak.

So erweitern, überprüfen und verändern wir unser verfügbares Wissen.

Das Fremde erscheint als etwas, das möglicherweise die uns selbstverständlichen Sinnmuster überschreitet, also potentiell nicht begreifbar ist, und vertraute

Sichtweisen in Frage stellt. Da es jedoch auch zukünftige Möglichkeiten eröffnet, haftet ihm eine zwiespältige Ausstrahlung an. Es kann Angst auslösen und faszinieren.

Fremdheit kann sowohl als Chance, als Ergänzung und Vervollständigung des Eigenen betrachtet werden, als auch im Zusammenspiel sich wechselseitig bedingender Kontraste gesehen werden. Im ersten Fall geht es um die Verinnerlichung des anderen, um die Aneignung des Fremden, was zu einer produktiven Selbstveränderung führen kann. Das Fremde wird als unausgeschöpftes Potential verstanden. Hier stellt sich die Frage, inwiefern und auf welche Weise das erkennende Individuum »relevante Fremdheit« für sich entdeckt und sich aneignet. Zum Problem kann dieses Deutungsmuster werden, wenn die eigene Integrations- und Verarbeitungskapazität überfordert wird.

Im zweiten Deutungsmuster – Fremdheit als Komplementarität, als sich ergänzende Gegensätze – werden Fremdes und Eigenes nicht als voneinander getrennt, sondern als Moment eines Strukturierungsprozesses begriffen, in dem sich Eigenes und Fremdes wechselseitig relativieren und bestimmen. Dabei geht es nicht um Aneignung des Fremden, sondern darum, die gegenseitigen Differenzen radikal anzuerkennen. Aus dieser Perspektive können wir dann das Fremde als Fremdes belassen, im Sinne von »leben und leben lassen«.

Interkulturelles Lernen in der Risikogesellschaft

Interkulturelle Pädagogik und damit interkulturelles Lernen kann nicht losgelöst von den radikalen Veränderungen gesehen werden, die sich in unserer Gesellschaft vollziehen. Im folgenden sollen stichpunktartig einige dieser Entwicklungstendenzen in Erinnerung gerufen werden, die mit den Differenzen im Alltag und Erfahrungen mit Fremdheit in Zusammenhang stehen. Denn in der modernen Gesellschaft haben sich die Situationen, in denen man mit Differenzen und Fremdheitserfahrungen konfrontiert wird, vervielfältigt, was auch als eine pädagogische Herausforderung verstanden werden muß.

Der Begriff der »Risikogesellschaft« verweist auf ein aktuell diskutiertes Thema sowohl in den Sozialwissenschaften als auch in der Politik. Nach dem bekannten Soziologen Ulrich Beck wird damit eine Phase der modernen Gesellschaft markiert, in der der technisch-ökonomische Fortschritt immer mehr überschattet werde von damit einhergehenden Modernisierungsrisiken, die zunehmend eine globale Dimension aufweisen. Für die Individuen bedeute diese Entwicklung vor allem das Zerbrechen stabiler sozialer Verbindlichkeiten, eine Standardisierung von Lebensläufen, Vereinzelung, verbunden mit einer erhöhten Krisenanfälligkeit: »Die Menschen sind zur Individualisierung verdammt.«

Damit verändern sich auch die Beziehungsformen. Dem Wunsch nach stabilen und identitätsstiftenden Bindungen stehen Offenheit und Gestaltbarkeit gegenüber, die aber ebensogut als Überforderung empfunden werden können. Je mehr Risiken entstehen bzw. produziert werden, desto stärker wird der Ruf nach einem »Versicherungsschutz«, den es natürlich in dieser umfassenden Art nicht geben kann.

Die theoretisch zur Verfügung stehenden Wahlmöglichkeiten werden immer zahlreicher, bis hin zur Beliebigkeit. Die Welt ist offener geworden für unsere biographischen Entwürfe. Aus dem Zerfall von gesellschaftlichen Strukturen, von Selbstverständlichkeiten ergibt sich die Chance und Notwendigkeit, sie kommunikativ wiederherzustellen.

Die Frage, wie wir mit der neuen Ungewißheit als Folge der Modernisierung umgehen, wird zur epochalen Herausforderung, ein aktives Handlungsmodell des Alltags zu entwerfen, das das Ich zum Zentrum hat, ihm Handlungschancen zuweist und eröffnet und auf diese Weise ermöglicht, die aufbrechenden Gestaltungs- und Entscheidungsmöglichkeiten aufzuarbeiten und für neue Entwürfe zu nutzen. Nicht mehr lineares, geradliniges Denken ist gefragt, sondern ein »vernetztes Denken«, das dem gesellschaftlichen Wandel gerecht wird. Dadurch können die bis dahin unsichtbaren Möglichkeiten und Chancen der Gegenwart sichtbar gemacht und als Ressource für Kommunikation genutzt werden.

Für den Umgang mit Fremdheit sind also bestimmte Kompetenzen notwendig. Das Individuum gewinnt seine Handlungsfähigkeit zunächst eher aus der intuitiven Wahrnehmung der Gesamtsituation. Was man persönlich erlebt bzw. persönlich empfindet – Wahrnehmungen, Gefühle, Urteile, Pflichten und Rechte – ist einerseits immer rollenspezifisch und andererseits Teil einer Welt, in die man zwar eingebunden ist, die man aber nicht als eigene begreifen darf. Gerade aus dieser Unbestimmtheit gewinnt das handelnde Individuum seine Kreativität. Die moderne Gesellschaft erfordert ein Denken in mehreren Perspektiven. Damit eröffnet sie auch für interkulturelle Pädagogik und interkulturelles Lernen neue Sichtweisen und Horizonte.

Die interkulturelle Pädagogik muß die vorhandenen Möglichkeiten nutzen, neue Perspektiven eröffnen, bisher unentdeckte Chancen sichtbar machen. Dabei kann z.B. die Phantasie eine wesentliche Rolle spielen. Nicht nur für Kinder bietet das zeitweilige Loslösen von der

Realität spielerisch die Möglichkeit, verschiedene Problemlösungsstrategien zu entdecken und umzusetzen – Neues zu erkunden und zu erproben. Dabei geht es nicht in erster Linie um eine richtige Lösung, sondern vielmehr darum, mehrere Möglichkeiten auszuprobieren, mit verschiedenen Perspektiven und Kombinationsmöglichkeiten umzugehen und auf diese Weise Fähigkeiten und Fertigkeiten zu trainieren.

Interkulturelles Lernen darf in einer modernen Gesellschaft nicht zum Konzept der Bildungsarbeit mit »Ausländern« werden, sondern muß sich vor allem als eine allgemeine kommunikative Bildungsarbeit verstehen. Das Konzept der interkulturellen Pädagogik und interkulturelles Lernen dürfen sich nicht allein auf Fremdheitserfahrungen beim Kontakt zwischen sogenannten Weltkulturen beschränken, sondern müssen in erster Linie innergesellschaftlich und alltagsweltlich erfahrene biographische, milieuspezifische und (sub)kulturelle Fremdheit zum Ausgangspunkt pädagogischer Überlegungen machen.

Einander fremde Personen, Gruppen oder auch gesellschaftliche Organisationen können ihre Fremdheit auch als krisenhafte »interkulturelle Begegnung« wahrnehmen und bearbeiten. So kann z.B. ein Mann von einer Frau (Geschlechterdifferenz), ein Sohn von seinem Vater (Generationsdifferenz) oder ein Firmenchef von seinem Mitarbeiter (Funktionsdifferenz) als fremd erfahren werden.

Darüber hinaus führt die Ausdifferenzierung der Gesellschaft in eine Pluralität verschiedener, sich überschneidender oder sich durchdringender Kulturen, Subkulturen, sozialer Milieus etc. dazu, daß sich der Mensch gleichzeitig verschiedenen Kulturen zugehörig fühlen kann. Indem in der modernen Gesellschaft die Grenze zwischen Eigenheit und Fremdheit nicht mehr allein an räumlichen, zeitlichen, ethnischen, kulturellen oder körperbezogenen Differenzlinien festgemacht wird, sind die unterschiedlichsten Sinnwelten und Subkulturen im Prinzip für alle offen und verfügbar. Denn diese Variante von Multikulturalität oder Interkulturalität bezieht sich auf Differenzen, die quer zu ethnischen Grenzen verlaufen. Aufgrund dieser Ausgangssituation wird die Fähigkeit zu Wechsel und Grenzübertritt zwischen verschiedenen Teilkulturen zu einer »Schlüsselqualifikation« in der modernen Welt. Sie wird zum Ausgangspunkt vielfältiger Lernanlässe.

Genauer betrachtet stellt das grenzüberschreitende Lernen, das Verhältnis zwischen Eigenheit und Fremdheit, eine angemessene Grundlage für interkulturelle Bildungsarbeit dar. Lernen beinhaltet in diesem Zusammenhang die Fähigkeit zur Wahrnehmung, zur Akzeptanz und zum Nachvollziehen einer Fremdheit in Form von neuen Lerninhalten, von bisher unerfahrenen Fragestellungen, von fernen Lebenswelten, von unterschiedlichsten Biographien und Persönlichkeiten jenseits vorgegebener Deutungen.

In der interkulturellen Pädagogik spielen kommunikative Kompetenzen eine bedeutende Rolle. Sie bezeichnen die Fähigkeit, in unterschiedlichen Zusammenhängen, Kontexten und Situationen des Alltags kommunikativ handeln zu können. Hauptsächlich geht es um die Entwicklung der Kompetenz, mit der »Andersartigkeit des anderen«, mit Differenzen und mit unvertrauten Situationen aktiv umgehen zu können bzw. die Spannung zwischen der eigenen Wahrnehmung und der des anderen als Lernpotential zu nutzen. Die Vielfalt multikultureller Lebenswelten und -formen nicht nur hinzunehmen, sondern sie vor allem aktiv mitzugestalten, beinhaltet die Zielperspektive einer politischen Handlungsfähigkeit im

Alltag. Bildung erweist sich somit als die produktive Aneignung von Differenzerfahrung und ist von daher in der modernen Gesellschaft ohne interkulturelle und kommunikative Kompetenz nicht mehr denkbar und realisierbar.

Identität und Differenz

Auch bei der Identitätsentwicklung kann die Fremdheitserfahrung eine produktive Rolle spielen, je nachdem, wie Identität definiert und verstanden wird. Sowohl in der Psychologie als auch in der Pädagogik existiert eine Reihe von Identitätskonzepten, in die das Phänomen »Fremdheit« explizit oder implizit eingebaut ist. Bei aller Unterschiedlichkeit der Entwürfe wird die Vorstellung geteilt, daß Identität als ein dynamischer Prozeß der Integration bzw. Synthese unterschiedlicher Erfahrungen, Sinneswahrnehmungen und Deutungsmuster zu begreifen ist. Vor allem bei der Beschreibung der Syntheseleistung unterscheiden sich die Positionen allerdings sehr stark. Auf einzelne Identitätsentwürfe kann hier nicht weiter eingegangen werden. Aus pädagogischer Sicht scheint es mir jedoch angebracht, Konzepte zu entwickeln, mit deren Hilfe der gesellschaftliche Veränderungsprozeß und die Zielperspektiven des Bildungsprozesses angemessen beschrieben werden können. In diesem Sinne wird Identität weniger als früher in der Übernahme von fest fixierten Zuschreibungen gebildet, sondern in der Auseinandersetzung mit irritierenden und nicht verstandenen Fremdheitserfahrungen.

Vor allem in den postmodernen* Theorien wird die Differenz als wichtiges Moment für die Identität des einzelnen hervorgehoben. Nicht die Einheit im Inneren wird als bestimmend für den Prozeß der Identitätsentwicklung gesehen, sondern die herausfordernde Differenz von Erfahrung und Bild. Die Ich-Entwicklung ist so zu verstehen, daß sie niemals abgeschlossen ist, daß sie sich stets aufs neue herausgefordert fühlt durch die Vielfalt von Differenzen im Alltag. Ich-Entwicklung wird begriffen als ein »Vervielfältigungsprozeß« und als »komplexes Konfliktgeschehen, in dem die Zunahme an Möglichkeiten durchkreuzt wird durch Prozesse des Verdrängens und Vergessens«. Jede Selbstbestimmung ereignet sich als Fremdbestimmung, »wobei sich das Selbst aus seiner Spaltung von Eigenem und Fremdem herauswindet, diese Spaltung aber niemals überwindet«. So gesehen kann das Selbst jeweils als besondere Variation dieser Spaltung auftreten. Das Selbst erscheint hier als ein offenes System, in das verschiedene »fremde« Elemente permanent integriert werden. Dabei können Krisen als unvertraute und nicht verstandene Elemente oder Phasen bei der Identitätsentwicklung eine wesentliche Rolle spielen, wobei die subjektive Wahrnehmung, Bewertung und Verarbeitung der Krise sehr entscheidend zu sein scheint. Ob eine Krise als zu lösende Aufgabe betrachtet wird oder nicht, spielt dabei als Lernanlaß eine wesentliche Rolle. Auch frühere Lernerfahrungen, auf die man zurückgreifen kann, tragen zur produktiven Bewältigung einer Krisensituation wesentlich bei.

Jedes neue Selbst- und Weltbild ist eine aus der inneren und der äußeren Realität gewonnene Konstruktion von Wirklichkeit. Dabei spielt die aktive Auseinandersetzung mit Fremdheitserfahrungen eine wichtige Rolle. Die veränderte Wahrnehmung von Selbst und Welt bedingen sich gegenseitig, und es geht bei der Selbstbestimmung immer auch darum, die Beziehung zum anderen, zum Fremden neu zu bestimmen und zu gestalten.

Vor dem Hintergrund der Pluralisierung von kulturellen Gegebenheiten und der Vervielfältigung von Lebensentwürfen ist der einzelne gegenwärtig mehr denn je gezwungen, seine Identität im Alltag immer wieder neu zu entwerfen und sich dabei mit nichtvertrauten oder krisenhaften Situationen auseinanderzusetzen. Es gibt also in der modernen Gesellschaft keine naturgegebene Art der Identität. Vielmehr könnte man Identitäten, da sie ja aus unterschiedlichsten Elementen und Erfahrungen zusammengefügt sind, als »Bastelidentitäten« bezeichnen, als Patchwork oder Mosaik. Daher charakterisiert der Begriff der postmodernen Identität »nie etwas Statisches, Unveränderliches, Substantielles, sondern immer schon etwas im Fluß der Zeit Befindliches, Veränderliches, Prozeßhaftes«. Soviel Unsicherheit diese Erkenntnis hervorrufen kann (und daß sie das tut, sieht man an der großen Zahl derer, die in Therapien, Meditationen und verschiedenen Kursangeboten versuchen, ihr »wahres Selbst« zu finden), soviel Chancen kann man darin auch erkennen. Hat es nicht auch etwas Tröstliches, täglich neu anfangen zu können, sich immer wieder verändern zu können, anstatt lebenslänglich auf die gleichen Muster und Rollen festgelegt zu sein? Die Feststellung von Rimbaud »Ich ist ein anderer« ist also gar nicht so absurd, wie sie zunächst klingen mag.

Der kanadische Schriftsteller Alberto Manguel bringt dieses Verhältnis treffend zum Ausdruck, wenn er sagt: »Ich bin bedingt durch Raum und Zeit und ändere mich im Raum und in der Zeit. Ich bin ständig ein anderer, ich bin die Person, die um die Ecke kommt, die Person, die im Nachbarzimmer wartet, die Person, die übermorgen bedauern oder begrüßen wird, was ich heute tue, aber dies niemals wiederholen wird ...«

Überhaupt kann man die Frage von Identität, Ich und Selbst viel unverkrampfter sehen, denn wir sind ja nicht einmal gezwungen, täglich unser wahres Gesicht, unsere gesamte Identität preiszugeben. Wie schon gesagt, begegnen sich Menschen in der modernen Gesellschaft in erster Linie in ihren Rollen, und da ist es nebensächlich, wer man sonst noch ist. Bei Camus lesen wir: »Was meinen Sie übrigens, wenn jedermann Farbe bekennen und seinen wahren Beruf, sein wahres Sein herauskehren wollte! Man geriete ja völlig aus dem Häuschen! Stellen Sie sich die Visitenkarte vor: Meier, hasenherziger Philosoph oder christlicher Hausbesitzer oder ehebrecherischer Humanist – die Auswahl ist wahrhaftig groß. Aber es wäre ja die Hölle! Man ist ein für allemal festgenagelt und eingereiht.«

Generell ist also die postmoderne Identität als eine Relation, eine Beziehung zu begreifen, die zunächst erzeugt werden muß. Sie ist nicht einfach da, sondern muß in gesellschaftlichen Interaktionen von den Einzelnen entworfen und »gebastelt« werden. Dafür ist eine »Identitätsarbeit« notwendig, die von allen geleistet werden muß, ob sie wollen oder nicht. Dieser lebenslange Prozeß vollzieht sich in einem Zusammenspiel von interaktiven, reflexiven und rückschauenden Prozessen.

Die Individuen erringen und verändern oder korrigieren »ihre« Identität dabei in verschiedenen, heterogenen Kontexten soziokultureller Praxis. Sie haben verschiedene soziale Positionen (sie sind Mann oder Frau, gehören zu einer bestimmten Schicht, sind eventuell Angehörige einer Minderheitengruppe etc.). Sie bewegen sich in unterschiedlichen Zusammenhängen, Wir-Gruppen und Systemen, sind also niemals nur Angehörige einer einzelnen Kultur oder Subkultur. Damit sind sie zugleich mit ebenso unterschiedlichen Anforderungen der Teilwelten konfrontiert, wie ihnen »als Mitglied verschiedenster sozialer Gruppen und Netzwerke eine breite Palette an Identifikationsangeboten zur Verfügung steht, aus der sie und er je nach Kontext und Situation mehr oder weniger freiwillig auswählt und seine bzw. ihre ›multiple Identität‹ komponiert«. Postmoderne Individuen können nicht durch eine einzige, einheitliche Identität gekennzeichnet werden, vielmehr stellen sie Mischidentitäten aus verschiedenen Elementen dar, indem sie in sich eine »Vielheit« verkörpern. Sie zeichnen sich durch verschiedene Teilidentitäten aus – der einzelne hat beispielsweise zugleich eine Geschlechtsidentität, eine religiöse und eine politische, verschiedene kulturelle und subkulturelle oder Milieuidentitäten. Diese Teilidentitäten greifen ineinander, können jedoch auch nebeneinander stehen, sich gar widersprechen. Zugleich bleiben sie veränderbar, werden nicht nur ständig in Prozessen intra- und interkultureller Interaktion* hergestellt, sondern können auch modifiziert und ergänzt werden. Der Mensch ist wie ein Wanderer zwischen den Welten, der sich aus allen möglichen Fundstücken sein Selbst zusammensetzt. Und da es dabei nahezu unendlich viele Kombinationsmöglichkeiten gibt, leben wohl kaum zwei Menschen auf der Welt, deren Identität identisch wäre.

Bei diesen Überlegungen muß auch berücksichtigt werden, daß Biographien und damit auch Identitäten sich neben ihrer Pluralisierung auch globalisieren. Das heißt, daß Identitäten zunehmend auch eine globale Dimension besitzen. Die mit dem technischen Fortschritt rasant gewachsene Mobilität, Reisen und Auslandsaufenthalte, Migrationsbewegungen und die grenzenlosen Möglichkeiten moderner Kommunikationstechnologie legen die Vermutung nahe, daß der Prozeß der Globalisierung die kulturelle Vermischung begünstigt und beschleunigt.

Ein Kölner »Veedel«

Die Orientierungen von Menschen weisen neben zeitlichen, räumlichen und phasenspezifischen auch zunehmend virtuelle bis globale Aspekte auf. Dies geht aus einer Stadtteiluntersuchung in Köln-Ehrenfeld hervor, die zwei Kolleginnen und ich im Rahmen eines Projektes der Kölner Universität durchgeführt haben. Nur wenige Stadtteilbewohner, die wir interviewten, sind in Ehrenfeld geboren und haben ihr ganzes Leben dort verbracht. Einige wohnten zum Zeitpunkt des Interviews erst seit kurzem im Viertel, andere seit mehreren Jahren, wieder andere hatten zwischenzeitlich in einer anderen Stadt gelebt und waren zurückgekommen. Für manche stellte der Stadtteil nur eine Zwischenstation dar. Alles in allem war zu erkennen, daß Ehrenfeld durch eine ständige Ortsmobilität immer wieder neu »gemischt« wird:

- Die Studentin aus Aachen, die nach einem längeren USA-Aufenthalt zunächst in Tübingen lebte, ihr Studium in Marburg begann, in Köln fortsetzt und gern für eine Weile nach Frankreich gehen würde;
- die Rentnerin aus Rußland, die als Spätaussiedlerin mit ihrer Tochter und deren Familie nach Köln gekommen ist und dort wohnen bleiben will;
- der arbeitslose junge Tunesier, der in Dormagen geboren ist, mit seinen Eltern für einige Jahre nach Tunesien zurückkehrte und seit seinem zehnten Lebensjahr in Ehrenfeld wohnt;
- die freiberufliche Dolmetscherin italienischer Abstammung, die im Alter von zwei Jahren mit ihren Eltern nach Ehrenfeld kam, zwischenzeitlich zur

Schulausbildung nach Italien zurückkehrte, inzwischen wieder im Stadtteil lebt und sich auf Stellenausschreibungen in Italien bewirbt;

– der Rentner, der 1968 als Gastarbeiter aus Sizilien nach Köln gekommen ist, mit seiner Frau seitdem in derselben kleinen Wohnung lebt, den Sommer in seinem Haus in Rom verbringt, ansonsten aber in Ehrenfeld bleiben will.

All diese Stadtteilbewohner gehören zu der oben beschriebenen mobilen Vielfalt. Und so wurde Fremdheit, wie sich im Verlauf derselben Untersuchung zeigte, von den befragten Personen nicht in erster Linie als ethnisch beschrieben, sondern erschien in den individuellen Kontexten dieser Mobilität:

– Der oben erwähnten Rentnerin sind die jüngeren Leute im Stadtteil fremd, die nur »Freunde« haben, also Liebesbeziehungen eingehen, ohne zu heiraten;

– einer fünfzigjährigen alteingesessenen Kölnerin erscheinen die Studenten, die im letzten Jahrzehnt zunehmend in den Stadtteil gezogen sind, fremd, weil sie einen völlig anderen Stil der Wohnungseinrichtung bevorzugen, von ihr plastisch beschrieben am Beispiel der in die Wohnungen eingebauten Hochbetten;

– eine dreißigjährige Frau schildert ihr Befremden angesichts der ehemaligen Nachbarn, die sie als »anständige Kleinbürger« beschreibt, wohingegen sie sich angesichts der interkulturellen Zusammensetzung des Stadtteils in Ehrenfeld spontan »heimisch« gefühlt habe, da sie dies aus dem Ruhrgebiet kenne, wo sie aufgewachsen ist.

Die postmodernen Freiheiten sind sicher auch riskante Freiheiten. Daß unser alltägliches Leben nicht mehr von einer nationalen Identität ableitbar ist und unsere Alltagswelten ständig von Individualisierung und Pluralisierung geformt werden, kann auch dazu führen, daß das Identitätsprojekt des einzelnen zu einer kritischen Angelegenheit mit tiefgreifenden Konsequenzen wird. Jeder einzelne muß heute mehr Entscheidungen treffen, mehr Informationen verarbeiten und mehr Veränderungen bewältigen als in früheren Zeiten. Daß dadurch das eigene Lebensumfeld nicht mehr widerspruchs- und störungsfrei erlebt werden kann, gehört auch zur modernen Alltagserfahrung. Anstelle jedoch alten, ganzheitlichen Identitätskonzepten nachzutrauern, sollten vielmehr die damit verbundenen Emanzipationspotentiale in den Blickwinkel der Diskussion gerückt werden. Die durch gesellschaftliche Veränderungsprozesse bedingten Desintegrationstendenzen und davon ausgehenden Krisen können und müssen als Erweiterung von Handlungsspielräumen und als Ermöglichung von neuen Perspektiven und Chancen interpretiert werden. Interkulturelle Bildung als Grenzüberschreitung und Horizonterweiterung heißt, diese Krisen als pädagogische Herausforderung und als Lernmotiv aufzugreifen und zu thematisieren.

Nationale Identität

Ein anderes und verbreitetes Identitätskonzept, das politisch immer wieder instrumentalisiert wird, wie es in den Staatsbürgerschaftsdebatten deutlich zum Ausdruck kam (vgl. S. 86ff.), ist die nationale Identität. Vor allem seit der Beilegung des Ost-West-Konfliktes wird verstärkt der Begriff der »nationalen Identität« diskutiert. Identität scheint angesichts der Auflösungsprozesse von Sicherheit vermittelnden Grenzen zum rettenden Konzept stilisiert zu werden, sowohl für den einzelnen als auch für die Gesellschaft – mit katastrophalen Folgen.

Die Herstellung von Harmonie durch Ausgrenzung kann als Grundmuster der nationalen Identität betrachtet werden. Dabei geht es um die Erzeugung von Fremdheitsbildern, mit dem Ziel, eine bestimmte Deutung der gesellschaftlichen Normalität durchzusetzen und zu bewahren und damit zugleich Schutz und Aufrechterhaltung der nationalen Identität zu gewährleisten. An der Form, wie mit Ambivalenzerfahrungen umgegangen wird, läßt sich erkennen, wie das Nicht-Identische/Fremde im Bild des Eigenen erscheint und von ihm verarbeitet wird. Beschworen wird eine Gemeinschaft als Gegenbegriff zur offenen Gesellschaft, beispielweise in Form einer nationalen Identität. Dabei wird die Reinheit und Einheitlichkeit der eigenen Nation propagiert. Allen Formen von Völkermord bzw. »ethnischer Säuberung« liegt diese Vorstellung der Nation zugrunde. Historische Beispiele finden sich vor allem im Faschismus oder jüngst im Kosovokonflikt. Deutliches Symptom eines solchen Denkens ist das Freund-Feind-Schema, in dessen Grenzziehung eine eindeutige Zuschreibung positiv und negativ besetzter Eigenschaften vollzogen wird. Der Kontakt mit den anderen wird vermieden und bekämpft. Wenn sich Menschen aus ihrer Verunsicherung heraus – und anstelle der Einsicht, daß ihre Identität eine vielfältig zusammengesetzte, verschwommene, aus Fremd- und Eigenanteilen bestehende, ständig veränderbare Größe ist –, aus dieser Zerrissenheit heraus, eine »nationale Identität« zulegen wollen, ist das eine zwar erklärbare, aber doch falsche und zudem auch gefährliche Reaktion.

Die aktuelle Wahrnehmung von »Ausländern« als kulturell fremdartig kann in diesem Zusammenhang historisch als Folge von Bemühungen gedeutet werden, eine Gesellschaft als kulturell einheitlicher Nationalstaat zu definieren. Denn die gesellschaftliche Definition nationaler Identität hat das Ziel, die aus einer Vielzahl regionaler oder Alltagskulturen zusammengefügte Gesellschaft als eine »imaginäre Gemeinschaft« mit einer kollektiven Identität zu begreifen. Einwanderer in erster Linie als kulturell fremd zu beschreiben stellt eine Möglichkeit dar, die interne Einheitlichkeit des Nationalstaates zu betonen. Historisch betrachtet hat also die Durchsetzung des Nationalstaates dazu geführt, ein neues Unterscheidungsmerkmal hervorzubringen, mit dessen Hilfe bestimmte Gruppen für die eigene Ordnung als fremd definiert und bis heute immer noch so wahrgenommen werden können.

So gesehen darf die interkulturelle Pädagogik nicht kritiklos davon ausgehen, daß Einwanderer und deren Nachkommen Fremde seien, die man verstehen lernen müsse, um Konflikte und Probleme gebührend bewältigen zu können, sondern sowohl die Wahrnehmung von Fremdheit als auch darauf bezogene Verstehensbemühungen sind selbst im Zusammenhang der gesellschaftlich hergestellten Konfliktsituationen zu betrachten. Als Lerngegenstand sind also nicht Ausländer als kulturell Fremde, sondern gesellschaftliche Konstruktionen von Fremdheit, ihre Voraussetzungen, Formen und Folgen zu entwerfen und zu vermitteln.

Darüber hinaus läßt sich eine interkulturell verstandene Bildungsarbeit, die sich zum Ziel setzt, Erfahrungen der Fremdheit zu bearbeiten, nicht sinnvoll auf solche Fremdheitsbilder reduzieren, die national oder ethnisch definiert werden. Denn Zuschreibungen von Fremdheit sind nicht auf Ausländer als soziale Gruppe beschränkt, sondern werden auch in bezug auf andere Gruppierungen in der Gesellschaft vorgenommen. Auch wenn z.B. gewaltbereite Jugendliche, Homosexuelle, Lesben, Junkies, Obdachlose usw. in der Regel nicht deutlich als Fremde, die einer anderen Kultur angehören, benannt werden, so gelten sie ebenso wie »Türken« oder »Asylanten« als soziale Gruppen, die sich grundsätzlich von den Werten und Normen der Mehrheitsgesellschaft unterscheiden und insofern als innergesellschaftliche Fremde gesehen werden. Im Gegensatz zu diesen Gruppen ist aber, dies muß hier hervorgehoben werden, die Definition von Ausländern als Fremde gesellschaftlich weitaus folgenreicher, weil mit dieser Definition die Nicht-Gewährung von Bürgerrechten wie dem Staatsbürgerschaftsrecht begründet wird.

Aus pädagogischer Sicht kann die Differenz zwischen Hetero- und Homosexuellen genauso wesentliche Lernprovokationen oder besser Lernanlässe beinhalten wie etwa religiös-national gefaßte Unterschiede zwischen deutschen Christen und türkischen Moslems. Ein Ausflug mit der Kirchengemeinde in die Fankurve eines Fußballstadions wäre insofern ein ebenso möglicher Anlaß für interkulturelles Lernen wie ein multikulturelles Straßenfest. Eine diesen Überlegungen entsprechende Weiterentwicklung des Konzepts interkultureller Pädagogik würde also dazu führen, vielfältige Fremdheitskonstruktionen aufzuzeigen und vor dem Hintergrund der ihnen zugrundeliegenden sozialen Beziehungen und Konflikte sichtbar zu machen.

Staatsbürgerschaft und Integration

Grundlagen

Das Thema »Ausländer«, eine unendliche Geschichte, bestimmt immer wieder den politischen Kurs in der BRD. Beispielhaft sei hier die Debatte geschildert, deren Auslöser der Versuch der im Herbst 1998 neu gewählten rot-grünen Bundesregierung war, das längst überholte Staatsbürgerschaftsrecht zu reformieren und in dieser Hinsicht einen Demokratisierungsprozeß in der Gesellschaft in Gang zu setzen. Gegenstand der breiten öffentlichen Kontroverse waren die etwa acht Prozent der Bevölkerung ohne deutschen Paß, zum großen Teil die seit den frühen 50er und 60er Jahren eingereisten Gastarbeiter, ihre zugezogenen Familien und deren hier geborenen Kinder und Enkelkinder, also inzwischen drei Generationen. Ein anderer Teil der betroffenen Bevölkerung sind Flüchtlinge, die seit vielen Jahren mit unsicherem Aufenthaltsstatus hier leben, ein weiterer geringer Teil (da der Zuzug streng begrenzt ist) sind Menschen, die aus anderen Gründen (Studium oder Arbeit) eingewandert sind und hier bleiben wollen.

Die anfänglichen Pläne der rot-grünen Koalition zur Einführung der doppelten Staatsbürgerschaft haben offenbar in weiten Kreisen der Bevölkerung zur Mobilisierung von Ängsten vor sozialer und kultureller

»Überfremdung« geführt. Dieser Komplex wird als Gefährdung der inneren Sicherheit und des gesellschaftlichen Zusammenhalts wahrgenommen, weil mit der
Modernisierung des Staatsbürgerschaftsrechts angeblich
massenhaft Menschen die Einbürgerung in Anspruch
nähmen, die sich den Normen und Werten einer anderen
Kultur zugehörig fühlten. Man hat Angst davor, daß
dadurch alte Werte überlastet und gefährdet würden.

Historisch betrachtet werden (vereinfachend) zwei
Modelle des Selbstverständnisses von Nationen unter-
schieden und damit auch zwei Formen von nationaler
Identität. Einerseits gibt es eine auf der Gemeinsamkeit
politischer Werte basierende Gemeinschaft (nach dem
»Bodenrecht«, *jus soli*), wie es z.B. in Frankreich oder
in Großbritannien der Fall ist. Das bedeutet, daß sich die
Mitglieder einer Nation auf eine Reihe politischer
Grundwerte, die die verfassungsmäßigen Rechte und
Pflichten umfassen, als Basis der Beziehung zwischen
Bürger und Staat geeinigt haben (»Staatsnation«). Die
Praxis des *jus soli* führt zu einer eher pragmatischen
Einbürgerungspolitik, die den Zugewanderten die Staats-
bürgerrechte und damit die politische Gleichstellung
relativ schnell zuerkennt.

Andererseits gibt es die auf ethnisch-kultureller
Gemeinsamkeit beruhende Gemeinschaft (nach dem
»Blutrecht«, *jus sanguinis*), wie z.B. in Deutschland.
Kollektive Identität erwächst nach diesem Modell nicht
aus der gemeinsamen Anerkennung verfassungsmäßiger
Grundrechte und Pflichten, sondern Rechte (politischer
Art) werden aufgrund gemeinsamer Abstammung und
geteilter kultureller Werte zuerkannt. Im Gegensatz zu
Frankreich, wo als Franzose gilt, wer in Frankreich gebo-
ren ist – und somit automatisch die Rechte eines franzö-
sischen Staatsbürgers erhält –, gelten als Deutsche nach

Jahr	Ausländische Bevölkerung[1] in Tausend	Anteil der ausländischen Bevölkerung an der Gesamtbevölkerung in Prozent
1960	686,2	1,2
1968	1.924,2	3,2
1969	2.381,1	3,9
1970	2.976,5	4,9
1971	3.438,7	5,6
1972	3.526,6	5,7
1973	3.966,2	6,4
1974	4.127,4	6,7
1975	4.089,6	6,6
1976	3.948,3	6,4
1977	3.948,3	6,4
1978	3.981,1	6,5
1979	4.143,8	6,7
1980	4.453,3	7,2
1981	4.629,7	7,5
1982	4.666,9	7,6
1983	4,534,9	7,4
1984	4.363,6	7,1
1985	4.378,9	7,2
1986	4.512,7	7,4
1987	4.240,5	6,9
1988	4.489,1	7,3
1989	4.845,9	7,7
1990	5.342,5	8,4
1991[2]	5.882,3	7,3
1992	6.495,8	8,0
1993	6.878,1	8,5
1994	6.990,5	8,6
1995	7.173,9	8,8
1996	7.314,0	8.9
1997	7.365,8	9,0
1998	7.319,6	[3]

[1] Bis 1984 Stichtag 30.9.; ab 1985 Stichtag 31.12. eines jeden Jahres.
2) Ab 1991 gesamtdeutsches Ergebnis.
3) liegt noch nicht vor.

Ausländer im Bundesgebiet seit 1960
Quelle: Statistisches Bundesamt

dem Grundgesetz bis heute nur Staatsbürger deutscher Abstammung und Menschen volksdeutscher Abstammung (wie die im Faschismus »arisierten« Menschen polnischer oder ukrainischer Herkunft, die sogenannten »Reichsdeutschen«) sowie Spätaussiedler, die ihre deutsche Abstammung zum Teil sogar mit der Auswanderung der Schwaben vor 400 Jahren begründen. Die Wurzeln dieses sogenannten völkisch-nationalen Verständnisses reichen in die Zeit der deutschen Romantik zu Beginn des 19. Jahrhunderts zurück, in der sich vor dem Hintergrund kleinstaatlicher Zersplitterung vor allem die Intellektuellen bemühten, eine »völkisch-national« gedachte »deutsche Identität« zu konzipieren.

Während Frankreich sich beispielsweise als eine Staatsnation bezeichnet, d.h. die Entwicklung des Nationalbewußtseins mit einem Territorialstaat zusammenhängt, spricht man in der Bundesrepublik von einer »Kulturnation«, basierend auf einer – zunächst mit der romantisch inspirierten und bildungsbürgerlichen Idee verbundenen – imaginären Einheit, die auf Gemeinsamkeiten der Sprache, der Tradition und der Abstammung gründet.

Da die traditionellen Vergemeinschaftungsformen wie Religion, Stand oder Herkunft ihre prägende Kraft, die Gesellschaft zusammenzuhalten und eine kollektive Identität zu bestimmen, schrittweise zu verlieren begannen, prägten Dichter und Denker des ausgehenden 18. Jahrhunderts die Idee einer deutschen Nation, die die Homogenität, d.h. die Einheit des Volkes im Modernisierungsprozeß sicherstellen und damit einen festen Rahmen für die scheinbar aus dem Ruder geratene Gesellschaft und die zunehmend zersplitterte Gemeinschaft garantieren sollte. Es entwickelte sich, auch durch die zunehmende Verbreitung von Druckerzeugnissen, in denen diese Themen aufgegriffen wurden, ein neues Verständnis nationaler Einheit, das völkische Denken. Dieses basierte auf einem romantisch angehauchten Volksbegriff, der zunächst gesellschaftskritisch nach kultureller Ursprünglichkeit und Authentizität suchte und diese Eigenschaften im »einfachen Volk« und in seinen Überlieferungen zu finden glaubte. Die Vorstellungen von einer Volksseele, einer Volkspersönlichkeit schreiben dem eigenen Volk nun eine Individualität zu, die sich im kollektiven Nationalcharakter zu erfüllen scheint. Dieses Bild wird zu einem Volks- und Gemeinschaftsbild, das Abstammungs- und Territorialgemeinschaft, Kultur- und Nationsgemeinschaft in eins setzt. Es soll Sicherheiten bieten in den Wirren der Modernisierung, indem es Fremde von Kommunikation und Interaktion ausschließt.

Das deutsche Staatsangehörigkeitsgesetz, das in seiner bisher gültigen Fassung übrigens aus dem Jahr 1913 stammt, legt Einschluß und Ausschluß ganz im Sinne dieses romantischen Volksverständnisses fest.

Obwohl die BRD auf einen ähnlichen Migrations-, d.h. Einwanderungs- und Auswanderungsprozeß zurückblicken kann wie Frankreich oder Großbritannien, ist eine Selbstorganisierung zugewanderter Gruppen, die sich in der politischen Öffentlichkeit artikulieren, hier nur in Ansätzen zu erkennen. Denn nach der »kollektiven Abstammungslehre« des *jus sanguinis* dürfen die als fremd Definierten, die zugewanderte Bevölkerung, keinen Rechtsanspruch auf die Staatsbürgerschaft haben. Wenn überhaupt, kann die deutsche Staatsangehörigkeit nur als Privileg gewährt werden. Einwanderer bleiben somit gesetzlich in der Position politischer Rechtlosigkeit.

Der auf ethnischem, d.h. völkischem Selbstverständnis begründete Nationalstaat stellte von Anfang an nicht nur eine allgemeine Legitimationsgrundlage, sondern auch ein Leitprinzip dar, das den Umgang mit ethnischen Minderheiten in etlichen Bereichen der Gesellschaft bis heute prägt. Da die deutsche Nation als Abstammungsgemeinschaft mit gemeinsam geteilter Kultur und Geschichte verstanden wurde, wurden auch die Zugehörigkeit zu dieser Nation und die rechtliche Zugehörigkeit zum politischen Gemeinwesen, die Staatsangehörigkeit, eng miteinander verzahnt. Die Nachkommen von deutschen Staatsbürgern gelten z.B. auch dann als Deutsche, wenn sie – aus verschiedenen Gründen – die Rechte als Staatsbürger nicht wahrnehmen können. So sind Deutsche im ethnischen Sinn, vor allem also deutsche Minderheiten in verschiedenen Staaten Osteuropas, deutschen Staatsbürgern gleichgestellt; kommen sie als Aussiedler in die Bundesrepublik, wird ihnen die Staatsbürgerschaft bis jetzt automatisch zuerkannt. Dagegen müssen die »zugewanderten« Bevölkerungsgruppen, die ja zum Teil in der BRD geboren und hier aufgewachsen sind, bei der Einbürgerung hohe Hürden überspringen.

W. Schäuble (CDU) zog schon in früheren Diskussionen (in der Debatte über eine gemeinsame Verfassung nach der Wiedervereinigung) die »völkisch-nationale« Grenzlinie, indem er ausdrücklich davor warnte, Aussiedler, Übersiedler, Ausländer und Asylbewerber miteinander zu »vermischen« oder miteinander zu »vermengen«. Dies würde zur Unterminierung der völkisch-nationalen Grundlage der bundesrepublikanischen Gesellschaft führen. Zugespitzt heißt das auch: Franzose oder Amerikaner kann man werden, Deutscher ist man. Nirgendwo in Europa ist das Staatsangehörigkeitsrecht so tief im Mythos verwurzelt. Auf die Rolle dieser Mythen um das Eigene und die Zuschreibungsprozesse (Ethnisierung) der Fremden in der aktuellen Staatsbürgerschaftsdebatte gehen wir in den nachfolgenden Abschnitten ein.

Integration

Gerade in den bisherigen Bedingungen, die zur Gewährung der Staatsbürgerschaft erfüllt werden mußten, sind die beschriebenen völkisch-nationalen Elemente zu erkennen. Von den Bewerbern wurde neben guten deutschen Sprachkenntnissen, eigenem Einkommen und polizeilichem Führungszeugnis auch der Nachweis einer »besonderen Zuwendung zum deutschen Kulturkreis« verlangt, der in dieser verschwommenen Formulierung nur schwer zu erbringen ist. Einer meiner Bekannten beispielsweise, ein anerkannter Asylbewerber aus Sri Lanka, der seit zehn Jahren hier lebt, bemühte sich in seinem Antrag auf die deutsche Staatsbürgerschaft, seine jahrelange Mitgliedschaft in süddeutschen Karnevalsvereinen und in Organisationen der katholischen Kirche glaubhaft zu machen. Er hatte Ausschnitte aus dörflichen Lokalzeitungen gesammelt, die ihn als den »freundlichsten Asylbewerber« des Ortes beschrieben. Trotz dieser ungewöhnlichen Referenzen mußte er zwei Jahre auf die Einbürgerung warten. In den Augen der Behörden muß er jedoch besonders »integriert« gewirkt haben, da er sich in seinem Antrag selbst das Bild einer einheitlichen deutschen Kultur, das von Politikern und Medien gern als Maßstab für Integration herangezogen wird, zu eigen machte.

Mit Recht kann man jedoch angesichts der modernen Gesellschaft und ihren vielfältigen Lebensformen, Randgruppen, Subkulturen, die oft erheblich von der christlich-abendländischen Kultur und dem volkstümlichen

Brauchtum abweichen, fragen, an wen sich ein Einwanderer eigentlich anpassen, worein er sich integrieren soll.

Statt »politische Integration«, die der nicht-deutschen Bevölkerung staatsbürgerliche Rechte als Menschenrechte zugestehen würde, wurde im Laufe der Debatte von ihr eine normative, d.h. an Normen und Werten ausgerichtete »nationale Integration« verlangt. Die Staatsbürgerschaft wurde an kulturelle und ethnische Bindungen gekoppelt, was auch die gesamte Debatte wesentlich prägte. Es kann also festgestellt werden, daß die von »Ausländern« (bei denen es sich ja zum Teil um hier Geborene handelt) verlangten Integrationsleistungen auf eine »Germanisierungsforderung« hinausliefen, denn für die nationale Art der Integration, die von der zugewanderten Bevölkerung verlangt wird, wurden bestimmte kulturelle Leistungen und Fähigkeiten gefordert. Die in der Bundesrepublik Deutschland – im Gegensatz zu den anderen europäischen Ländern – sehr niedrige Einbürgerungsrate wurde dann nicht etwa auf die restriktiven, völkisch-national eingefärbten Einbürgerungsrichtlinien zurückgeführt, sondern auf eine mangelnde Bereitschaft, auf den mangelnden »Willen zur deutschen Gemeinschaft« seitens der »Ausländer«.

Es haben sich also zwei gegensätzliche Positionen herauskristallisiert:

1. Auf der einen Seite die politische Integration; sie hat mit der Zustimmung zu den Verfassungsprinzipien zu tun, die von dem ethisch-politischen Selbstverständnis der Bürger und der politischen Kultur des Landes bestimmt werden. Die politische Integration muß deshalb unabhängig sein von kulturellen, normativen, moralischen Werten, über die es ja innerhalb der aufnehmenden Gesellschaft ohnehin

permanente Auseinandersetzungen gibt, weil sie in der modernen Gesellschaft nie einheitlich sein und nie für allgemeingültig erklärt werden können und immer dem Prozeß einer ständigen Wandlung unterworfen sind.

2. Auf der anderen Seite die auf Germanisierung gerichtete normative Integration, die sich an ethisch-kulturellen Werten orientiert. Das bedeutet die Anpassung an als homogen definierte Lebensweisen, Gewohnheiten etc. der Einheimischen.

Übertragen auf die bundesdeutschen Verhältnisse, dominierte, wie schon gesagt, die zweite Variante.

Dieses Verständnis von Integration entspricht jedoch nicht den Erfordernissen einer modernen Gesellschaft. Ein demokratischer Rechtsstaat dürfte von den zugewanderten Bevölkerungsgruppen nur die politische Integration verlangen, weil es hier um die in der politischen Kultur verankerten Verfassungsgrundsätze und nicht um die ethisch-moralische Grundorientierung einer in der Gesellschaft herrschenden kulturellen Lebensform geht. Denn das ist ja das Grundprinzip der modernen Gesellschaft, daß die gesellschaftliche Einbindung der Individuen von den äußerlichen Merkmalen wie Herkunft oder Lebensformen unabhängig sein soll; ein Grundprinzip, das von der Verfassung garantiert wird. Gerade die demokratische Selbstbestimmung bewahrt die Gesellschaft vor der Gefahr des Zerfalls durch die Ausgrenzung der Randkulturen.

Im Zusammenhang mit Integration und Einbürgerung wurde die »doppelte Staatsbürgerschaft« in der Bundesrepublik zu einem heiß umstrittenen Thema, das auch die Gemüter derjenigen erhitzte, die bis dahin nicht viel Interesse an der Lage der ausländischen Mitbürger hat-

ten. Im Zuge der Novellierung des Staatsbürgerschaftsrechts fühlten sich jedoch weite Kreise der Bevölkerung
direkt von der Frage betroffen. Die Diskussion spitzte
sich emotional und affektiv zu: »Wozu brauchen die zwei
Pässe, ich habe ja auch nur einen!«

Debatten

Der im Frühjahr 1999 geführte Staatsbürgerschaftsdiskurs ist ein deutlicher Hinweis darauf, daß die konventionellen Bilder von Heimat und Abstammung, deut-
schem Blut und bürgerlicher Idylle auf der einen Seite
und ethnisch-kulturelle, meist negativ besetzte Beschreibungen der Fremden auf der anderen Seite weiter-
hin dominieren und gegen die Modernisierung des
Staatsbürgerschaftsrechtes eingesetzt werden können.
Daran hatte sich, entgegen aller Erwartung, auch nach
dem Regierungswechsel nichts Wesentliches geändert.

Sowohl von Befürwortern als auch von Gegnern der
doppelten Staatsbürgerschaft wurde die Integration –
was in diesem Zusammenhang soviel wie kulturelle
Bindung heißt – in den Mittelpunkt gestellt. Die Befürworter gehen davon aus, daß der Besitz der deutschen
Staatsangehörigkeit die Integration erleichtern würde,
die Gegner haben Angst vor einer Flut von Einbürge-
rungsanträgen nicht wirklich integrationswilliger Personen. Die ethnisch-kulturelle Bindung an die »deutsche
Kulturnation« sei Voraussetzung der Einbürgerung, und
man könne nicht darauf vertrauen, daß sie ein Ergebnis
der Einbürgerung sei. Statt sachlich zu argumentieren,
wurde die gesamte Debatte über die Staatsbürgerschaft
sowohl von den Gegnern als auch den Befürwortern eth-
nisiert und kulturalisiert, das heißt, es handelte sich nicht

um eine sachliche, zielgerichtete Debatte, sondern eine an emotionalen Vorstellungen von Herkunft, Kultur und Privatleben orientierte Diskussion.

Nachdem jeder Liberalisierungsversuch des Staatsbürgerschaftsrechts bis dahin nicht zu realisieren war und oft an der parlamentarischen Durchsetzung scheiterte, versuchte die neue rot-grüne Regierung Schritte zu unternehmen, das völkisch-nationale Abstammungsprinzip, das bisher als ideologische Ressource vor allem seitens des konservativen Blocks genutzt wurde, abzuschaffen und ein modernes Staatsbürgerschaftsrecht zu entwerfen – und erregte damit, wie schon gesagt, das öffentliche Gemüt. Dabei deuteten machtpolitische Strategien der Regierungsparteien und der Opposition schon darauf hin, daß die Modernisierung des Staatsbürgerschaftsrechts in der anfangs von der Regierung geplanten Form höchstwahrscheinlich wieder scheitern würde. Im ursprünglichen Entwurf zur Änderung des Staatsangehörigkeitsgesetzes waren von der rot-grünen Bundesregierung folgende Neuerungen vorgesehen: Künftig sollten Erwachsene nach acht Jahren, Kinder bereits nach fünf Jahren Anspruch auf Einbürgerung erhalten. Dabei sollte eine doppelte Staatsbürgerschaft ermöglicht werden. Der »dritten Migrantengeneration« – also Kindern von ausländischen Eltern, die selbst in Deutschland geboren oder als Kinder mit ihren Eltern eingewandert sind – sollte mit der Geburt automatisch die deutsche Staatsbügerschaft zuerkannt werden, womit das bisher gültige Abstammungsrecht weitgehend abgeschafft worden wäre.

Nach den Hessischen Landtagswahlen im Frühjahr 1999, in denen die SPD eine deutliche Niederlage erlitten hatte, wurde dieser Entwurf im letzten Punkt revidiert: Die hier geborenen Kinder erhalten zwar automatisch beide Staatsangehörigkeiten, müssen sich aber bis zum 21. Lebensjahr für eine von beiden entschieden haben. Gegen dieses Modell, das schließlich von Bundestag und Bundesrat verabschiedet wurde, gibt es jedoch verfassungsrechtliche Bedenken, da ein einmal gewährtes Recht nicht einfach wieder aberkannt werden kann. Es besteht also die Gefahr, daß diese Neuerung durch eine Verfassungsklage rückgängig gemacht werden kann.

Gleichzeitig wirkt der Mythos von der Homogenität des deutschen Volkes bis heute fort und findet sich – in deutlicher Ausprägung schon seit 1990 – in den politischen, medialen, wissenschaftlichen und in den alltäglichen Kommunikationen auf der Straße wieder. (Der konkrete Slogan »*Wir* sind das Volk«, der 1989 die Wende in der ehemaligen DDR begleitete, wurde sehr bald in die verschwommene Aussage »Wir sind *ein* Volk« überführt, in der die nationalistische Bedeutung des Wortes betont wird.)

Nach dem Regierungswechsel 1998 wurde durch die konservativen Parteien, aus ihrer Defensive heraus, erneut ein kleinbürgerliches Idyll von Traditionen, Familie, Heimat und Gemeinschaft, christlich-abendländischen Werten und volkstümlichem Brauchtum beschworen, das offensichtlich nichts mehr mit dem modernen (großstädtischen) Leben zu tun hat. Diese Haltung stößt auf offene Ohren bei vielen Menschen, die sich in der Vielfalt und Beziehungslosigkeit, in der Schnellebigkeit und Zersplitterung des modernen Lebens nicht mehr zurechtfinden. Der Werteverlust, ein immer wieder diskutiertes Thema, wird bewußt benutzt, um Ausgrenzungen gegen andere zu rechtfertigen. Anstatt Fragen wie Sozialabbau und Gleichberechtigung zu thematisieren und damit vielleicht einen kleinsten gemeinsamen Nenner aller Bevölkerungsgruppen zu finden, werden Bilder geschaffen, die eine geschlossene Gemeinschaft als Lösung für soziale Probleme versprechen und damit die Spaltung in der Bevölkerung und den inneren Unfrieden vergrößern.

Vor diesem Hintergrund muß man die gesamte Nationalstaats-, Kultur-, Migrations- und Minderheitenpolitik sehen, zu der auch die Diskussion um die Staatsangehörigkeit und den Doppelpaß gehört. Die kleinbürgerliche Idylle liefert eine populistische Logik für das, was gut und das, was schlecht ist. Privilegiert wird, was deutsch ist, und ausgegrenzt, was fremd ist. Der Doppelpaß wird benutzt, um die Abgrenzung zwischen dem Eigenen und dem Fremden neu zu ordnen. Ein normaler Tatbestand – die erleichterte Einbürgerung unter Hinnahme (nicht Garantie) der doppelten Staatsbürgerschaft, wenn es der Einzelfall gebietet – wird aus diesem Zusammenhang herausgerissen und sozialneidisch im Sinne von Besitzständen, Haben und Nicht-Haben betrachtet. Diese populistisch sehr effektive Inszenierung führt dazu, daß die Argumentation von den konservativen Parteien immer polemischer und immer deutlicher mit dem Ziel der Ausgrenzung des »gefährlich Fremden« geführt werden konnte. Die Sozialdemokraten wurden im Laufe dieser Debatte wiederholt für das Einsickern des Fremden als Bedrohung verantwortlich gemacht und anschließend in die Defensive gedrängt.

Die konservativen Parteien machten sich zunächst die Frage der Staatsbürgerschaft zunutze und mobilisierten – wie wir gezeigt haben – den alten völkischen Mythos der homogenen deutschen Kulturnation als ideologische Ressource. Anstatt eine eigene Position zu formulieren und von der öffentlichen Vernunft Gebrauch zu machen, ließ sich die rot-grüne Koalition auf diese kulturalistische Diskussion ein. Als Ergebnis wurde parteiübergreifend die grundlegende Bedeutung der Integration kultureller

Art, die kulturelle Bindung, für den Erwerb der Staatsbürgerschaft beschworen. Das erkennbare Einvernehmen im politischen Diskurs bestand dabei in der Forderung nach einer »Integration der Ausländer«, wobei nicht klar ist, was dieser schwammige Begriff meint, welche Seite welche Leistungen dafür zu erbringen hat und was Integration im kulturellen Sinn mit der Staatsbürgerschaft überhaupt zu tun hat. Der konservativen Auffassung nach sollen ethnische und kulturelle Motive entscheidende Kriterien für die Gewährung der Staatsbürgerschaft und damit für die Verteilung sozialer Chancen und politischer Beteiligung sein – und nicht die für alle geltenden, verfassungsmäßig verankerten Rechte und Pflichten.

Das ist auch der Punkt, an dem sich einige Befürworter der multikulturellen Gesellschaft unfreiwillig konservativen Positionen nähern. Die multikulturelle Gesellschaft ist ja in den letzten Jahren ein Schlagwort in der Diskussion um Ausländer und Einwanderung gewesen. Von ihren Befürwortern wurde darunter das Ideal einer folkloristisch bunten, friedlichen Gemeinschaft von Ausländern und Einheimischen verstanden. Es war eine Reaktion auf die Verweigerungshaltung der alten Regierungsparteien (CDU/CSU und FDP), die Bundesrepublik als Einwanderungsland zu begreifen, was sie *de facto* schon längst ist. Auch im Konzept der multikulturellen Gesellschaft fehlt jedoch bei manchen Vertretern die Einsicht, daß diese eben nicht nur aus der Kultur der zugewanderten Minderheiten entsteht, sondern im Sinne vielfältigster Lebensformen in der modernen Gesellschaft schon längst existiert, was politisch nur noch (positiv) zur Kenntnis genommen werden müßte. Mit ihrer kulturellen Position zu Integration und Einbürgerung stehen daher konservative Politiker den Multikulturalisten näher, als sie denken. Denn auch diese messen kulturellen Deutungsmustern eine vorrangige und wesentliche Bedeutung bei der Herausbildung staatsbürgerlicher Identität bei. Konservative und Multikulturalisten haben deshalb die pragmatische Frage der doppelten Staatsbürgerschaft in den Rang einer Entscheidung über ethisch-moralische Grundwerte erhoben. Nur mit dem Unterschied, daß erstere im Besitz zweier Pässe eine Quelle der Entfremdung sehen, während letztere umgekehrt die Entwurzelung der »kulturell Fremden« vermuten, wenn diese durch Verlust ihres alten Passes von der so genannten Heimatkultur isoliert würden. Die Konservativen glauben, der Doppelpaß führe unweigerlich zu doppelter Loyalität. Damit ist im Kern nicht ein rechtlicher, sondern ein seelischer Konflikt gemeint: Identität sei nur in Symbiose mit einer einzigen kulturellen Gemeinschaft möglich. Die Multikulturalisten sind dagegen überzeugt, daß verschiedene kulturelle Identitäten – auch im eigenen Selbst – konfliktfrei miteinander auskommen würden, wenn nur jede Identität in ihrer Besonderheit unangetastet bliebe und forderten die doppelte Staatsbürgerschaft aus ähnlichen Motiven, aus denen heraus sie von konservativen Politikern abgelehnt wird.

Die These der Multikulturalisten, nach der die gesellschaftliche Integration nur möglich sei, wenn die kulturelle Identität der Neubürger nicht angetastet würde, führt in die falsche Richtung. Nach einem modernen Demokratieverständnis ist das Bekenntnis zur Verfassung nämlich nicht ein Akt der Selbstaufgabe, sondern die Voraussetzung für politische Integration.

Zusammenfassend kann man also festhalten: Die Union und die rot-grüne Koalition sind sich trotz Novellierung des Gesetzes mit den genannten Einschränkungen in ihrer Haltung einig geworden, daß Ausländer bisher nicht hinreichende Integrationsleistungen erbracht hätten und daher zu wenig integriert seien. Was aber bedeutet in einer zunehmend funktional ausdifferenzierten und kulturell vielfältigen Gesellschaft kulturelle Integration oder kulturelle Desintegration? Welche Anpassungsleistungen müssen die allochthonen, die nicht »heimischen« Gruppen noch vollbringen, damit man nicht mehr von Integrationsproblemen redet?

Wenn man nämlich von dieser offiziellen Diskussion absieht und genauer betrachtet, wie die eingewanderten Minderheiten heute leben und wie sie Fuß gefaßt haben, wird deutlich, daß das selbstverständliche, urbane Zusammenleben in Nachbarschaft und Stadtteil in den meisten Debatten ausgeblendet wird. Es zeigt sich, daß städtisches Leben viel differenzierter und komplexer zu sehen ist als nur in der Beschwörung der kulturellen Bindung von einzelnen.

Sobald der Blick nicht mehr auf das Phantom »Ausländer«, sondern auf die tägliche Lebenswelt der eingewanderten Minderheiten gerichtet ist, sieht die Sache ganz anders aus – und die permanente Klage über Desintegration wird ziemlich fragwürdig. In den Städten, Stadtteilen und Quartieren haben sich die zugewanderten Bevölkerungsgruppen, trotz der bisher betriebenen Desintegrationspolitik, schon längst eingerichtet, haben ihre Nischen und Netzwerke aufgebaut und sind ein Bestandteil des widersprüchlichen und doch funktionierenden städtischen Lebens geworden (vgl. dazu auch S. 80ff.).

Generell konnten wir in der beschriebenen Debatte beobachten, wie Krisenszenarien von sozialer Bedrohung und Wertezerfall entworfen wurden, in denen einerseits alte Nationalmythen eingesetzt und andererseits neue Feindbilder konstruiert wurden: »kulturell Fremde«

oder »kriminelle Ausländer«. Das machte sich auch bemerkbar im Gebrauch sprachlicher Wendungen wie »die Gefährdung deutscher Identität«, »Überfremdung des deutsches Volkes«, »Umdefinieren des deutschen Volkes«, »kulturelle Bindung«, die das Ethnische (d.h. das kulturell und abstammungsmäßig bestimmte »Völkische«) als ein grundlegendes Merkmal in den Vordergrund stellten, womit sie den Staatsbürgerschaftsdiskurs prägten. Darüber hinaus haben wir Zuschreibungsprozesse beobachtet, in denen die betroffenen Gruppen als kulturell fremd und defizitär definiert wurden. Wir konnten Prozesse verfolgen, in denen ethnische oder religiöse Eigenschaften, die im Laufe der Modernisierung ins Private gedrängt und für den Zusammenhalt der Gesellschaft belanglos wurden, in einem feindselig geführten Staatsbürgerschaftsdiskurs schrittweise wieder Relevanz gewannen.

Um die Modernisierung des Staatsbürgerschaftsrechts zu stoppen, wurde das Volk um Hilfe gebeten. Die Stammtische dürfe man nicht vernachlässigen, »sonst suchen sich die Stammtische neue Politiker«, wurde von Edmund Stoiber (CSU) als Devise ausgegeben. Der Bamberger Bevölkerungswissenschaftler Josef Schmid lehnte den doppelten Paß mit der Begründung ab, daß er »nicht den Weg in die Integration, sondern in das Chaos« führe. Der bayerische Innenminister Günther Beckstein (CSU) warf der rot-grünen Bundesregierung vor, durch die geplante Einführung einer doppelten Staatsbürgerschaft Gewalt und Terror nach Deutschland zu holen. »Die rot-grüne Regierung importiert damit Terror und gibt potentiellen Verbrechern eine gesicherte Rechtsposition«, so Beckstein. Aussagen wie »man muß die Ängste der Bürger ernst nehmen«, die im Staatsbürgerschaftsdiskurs immer wieder zu hören waren, sind Aus-

druck des Versuchs, auf diese Weise subjektive Befind-
lichkeiten zum Gegenstand politischer Aktionen zu
machen. Damit rückten Themen wie etwa Ausländer-
kriminalität, islamischer Fundamentalismus, Gewalt-
bereitschaft unter der ausländischen Bevölkerung etc.
wieder in den Vordergrund.

Zunächst wurde »der Ausländer«, mit Eigenschaften
wie fremd, abweichend, gewaltbereit, kriminell, gefährlich usw. in Zusammenhang gebracht. Das kann, wie wir
im Kapitel über die Medien gesehen haben, bei ausrei-
chender Wiederholung irgendwann zur allgemeinen
Gewißheit werden und somit zur (fiktiven) Realität.
Solche negativen Zuschreibungen werden dann herangezogen, um das Vorgehen gegen erleichterte Einbürgerung
zu rechtfertigen und einen kollektiven Widerstand zu
organisieren. Sogar von wissenschaftlicher Seite wird oft
in diesem Sinne argumentiert: Einerseits gäbe es einen
Verlust von ethnisch geprägten Werten und Normen,
andererseits keine Anpassung an die »Gastkultur«, was
zu schwerwiegenden Kulturkonflikten und damit zu
rechtswidrigem Verhalten bei der ausländischen Bevölkerung führe. Andere Probleme seien im Verlust von reli-
giösen, ethnischen, weltanschaulichen Werten zu sehen,
sowie in einer kulturspezifischen Normauslegung, etwa
hinsichtlich Gewalt, Betrug, Drogen. Hinzu komme, daß
vor allem Ausländer aus dem orientalisch-islamischen
Raum ständig zwischen zwei Welten pendeln: der Welt
der Herkunftskultur, die in der Wohnung gelebt werde,
und der westeuropäischen, der sie sich im öffentlichen
Bereich beim Einkaufen, in der Schule und am
Arbeitsplatz stellen müßten. Eine solche Kulturkonfron-
tation könne zu einem schwerwiegenden inneren Konflikt führen. Die Wahrscheinlichkeit für rechtswidriges
Verhalten sei dann erhöht. Die Gastkultur, der sie sich

möglicherweise anpassen wollten, weise sie ab, der Herkunftskultur seien sie entfremdet.

Die Feindbilder und ethnischen Grenzziehungen, die über Politik, Wissenschaft sowie populäre Medien vermittelt werden, entwickeln sich schrittweise zu einem selbstverständlichen Bestandteil, zu einem Grundgefühl sozialen Alltagswissens. So setzt sich langsam eine »ethnische Weltanschauung« auch in der alltäglichen Kommunikation durch. Jeder weiß inzwischen, was und wer fremd ist, warum man davor Angst haben muß, wie man damit umgeht und warum man gegen Fremde die christlich geprägte Lebensweise verteidigen muß. Während der Unterschriftenaktion von CDU/CSU gegen die doppelte Staatbürgerschaft konnte man beobachten, daß plötzlich Tausende Menschen aktiv wurden und die Stände aufsuchten, an denen man »gegen Ausländer unterschreiben« konnte.

Die politische Diskussion über Staatsbürgerschaft und Integration hat sich spätestens zu diesem Zeitpunkt offen in eine Kampagne gegen Ausländer verwandelt. Daß sich dies nachteilig auf das Zusammenleben und den sozialen Frieden in der Bundesrepublik auswirkt, kann inzwischen nicht mehr übersehen werden. Auch wenn man die Novellierung des Staatsangehörigkeitsrechts und die weitgehende Abschaffung des Abstammungsrechts als einen ersten Fortschritt nach einer jahrzehntealten kontroversen Debatte sehen kann, ist die momentane rechtliche Unsicherheit des neuen Gesetzes, das jederzeit an einer Verfassungsklage scheitern kann, zu kritisieren. Wie wir gezeigt haben, hat eine emotional aufgeladene, unsachliche Diskussion letztlich zu einem Kompromiß geführt, der die gesamte Neuerung wieder in Frage stellen kann.

Globalisierung und Fremdheit

Die Menschen werden immer an Orten leben, und sie
werden sich immer lieben, aber das ändert nichts
daran, daß Leben und Lieben höchst variable kulturelle
Formen sind.
Joshua Meyrowitz

Global denken und lokal handeln

Historisch betrachtet ist Globalisierung – auch wenn dies
seit einigen Jahren in unterschiedlichsten gesellschaftlichen Bereichen und verschiedenen Zusammenhängen
kontrovers diskutiert wird – kein neues Phänomen. Zu
jeder Zeit gab es globale Entwicklungen, die die
Modernisierungs- und Demokratisierungsprozesse be-
gleitet und geprägt haben, wenn dies auch auf den ersten
Blick nicht so erscheinen mag. (Denken wir beispielsweise nur an die Schlagworte der französischen
Revolution: Freiheit, Gleichheit, Brüderlichkeit, die
weit über nationale Grenzen und die damalige Zeit Wir-
kung zeigten.) Man kann also behaupten, jedes soziale
Phänomen enthält immer auch globale Elemente, d.h.
fremde Elemente. Gelebte Globalität gehört zum Bestandteil des selbstverständlichen Alltagslebes des
einzelnen, auch wenn sie zunächst als solche nicht wahrgenommen wird. Was mit der gelebten Globalität ge-

meint ist, soll später anhand einiger Alltagsbeispiele veranschaulicht werden.

Vorab scheint es notwendig, zwischen Globalisierung und Globalität zu unterscheiden. Globalisierung ist zu verstehen als der veränderliche Prozeß der Vernetzung und Verzahnung auf institutioneller, kultureller und politischer Ebene, den wir gestalten können bzw. müssen. Globalität meint dagegen den wirklichen und nicht umkehrbaren Ist-Zustand, der durch Technologien, Medien, Ideen, Reisen, Märkte usw. vernetzten Welt. Die Globalität bezeichnet also die selbstverständlich gelebten Alltagswirklichkeiten, die aus historischer Sicht ohne den Prozeß der Globalisierung so nicht denkbar gewesen wären.

Seit den 80er Jahren ist zu beobachten, daß die Globalisierung eine Beschleunigung erfahren hat, was folgerichtig die zunehmende Mobilität des einzelnen zur Folge hat. Dies führt nicht nur zu einer weltweiten Vereinheitlichung, wie oft behauptet wird, sondern vor allem zur Vervielfältigung, in der sich notwendigerweise unterschiedliche, zum größten Teil unvertraute, als fremd erscheinende Elemente globaler Herkunft zu verschiedenen Einheiten neu zusammenfügen.

Auf der einen Seite beobachten wir weltumspannende Massenmedien, eine globale Verkehrsinfrastruktur, weltweite Migrationsbewegungen sowie die Internationalisierung der Ökonomie, die sowohl die erhöhte transnationale Mobilität von Kapital und Produktionsstätten als auch das Entstehen globaler Arbeits- und Absatzmärkte voraussetzen und die Welt enger zusammenrücken lassen. Auf der anderen Seite führen diese Prozesse zu neuen, vielfältigen und virtuellen Interaktionsformen und bewirken weltweit eine Zunahme kultureller Vielfalt. Dadurch wird die »Festungsmentalität«, die in ethnozentrischen, nationalistischen und rassistischen Kulturkonzepten erkennbar ist und die auf eine ethnische und statische Definition der Fremdheit hinausläuft, enthüllt und in Frage gestellt. Kurz gesagt: Mit der Globalisierung der Kommunikationstechnologien wachsen nicht nur die Kontaktchancen zwischen Personen, Gruppen und symbolischen Gemeinschaften, sondern steigt unvermeidlich auch die Chance auf Fremdheitserfahrungen. Auch aufgrund des erweiterten weltweiten Tourismus und Reiseverkehrs oder auch der zunehmenden Migrationsbewegungen nimmt die Zahl und Unterschiedlichkeit der erreichbaren Kommunikationspartner sowie die Zahl der realisierbaren Handlungsmöglichkeiten in hohem Maße zu. Die Stadt oder der Stadtteil bilden dabei den konkreten Ort, an dem sich die kulturelle, ökonomische und politische Dynamik lokaler und globaler Prozesse immer wieder aufs neue in Übergangs- und Zwischenräumen vermischen. Das bedeutet, daß die Globalisierung die Pluralisierungstendenzen auf lokaler Ebene verstärkt. Aus dieser Perspektive können Kulturen nicht mehr als geschlossene Einheiten definiert werden, sondern sie müssen ständig neu durch Selbst- und Fremddefinitionen ausgehandelt werden.

Kultur kann nur noch im Plural gedacht werden: Kulturen statt Kultur, auch im lokalen Kontext. Wenn man beispielsweise einen Kölner Stadtteil wie Ehrenfeld betrachtet, wird man dies entdecken. Dort exisitiert ein komplexes und verschachteltes Nebeneinander von Sub- und Partialkulturen, die sich auf vielfältige Weise aufeinander beziehen. Dieser Prozeß führt dazu, daß sich städtische Kultur, ja städtisches Leben insgesamt, ständig im Fluß befindet. In Ehrenfeld existieren verschiedene Jugendkulturen wie Punk, Techno, Hip-Hop, Heavy Metal usw., verschiedene Szenen wie Schwulen-, Les-

Beitrag Kölner Schüler
zur Plakataktion »Rassismus
im Alltag«, Köln 1998.

Ph. © Bündnis gegen
Diskriminierung,
Köln.

ben,- oder Alternativszene, verschiedene Milieus wie
das kölsche, kölsch-türkische oder kölsch-italienische
Milieu sehr eng nebeneinander und weisen natürlich
Überschneidungen auf. Durch globale Elemente wird
die städtische Kultur immer vielfältiger und differenzierter. Aus dieser Sicht ist es absurd, von einer spezifischen, ethnisch-authentischen, in sich geschlossenen
Kultur zu reden. Authentizität heißt in einer globalen Stadt ein Gemisch aus Bildern, Lebensformen,
Geschichten, die früher als unvertraut, fremd oder un-
denkbar empfunden wurden, heute aber zu Alltagsbe-
standteilen geworden sind. Die Globalisierung forciert
dabei die Aneignungsprozesse von Unvertrautem und
Fremdem. Die globale Stadt ist ein Ort, der Unterschiede
zuläßt und Vielfalt in jeder Hinsicht begünstigt. Wie wir

schon festgestellt haben, ist jeder einzelne gefordert, sich aus diesen unterschiedlichen Elementen, die immer auch globale Bezüge haben, seine Biographie zu entwerfen. Man könnte sogar von »globalen Biographien« reden, denn viele Menschen leben nicht in den Orten, in denen sie geboren sind, arbeiten in Städten, in denen sie nicht wohnen, haben Verwandte und Bekannte in anderen Ländern, pflegen nach Urlaubsreisen Freundschaften in den verschiedensten Ländern und planen vielleicht, irgendwann einmal auszuwandern. Man könnte die Reihe von Beispielen beliebig fortsetzen.

Somit wird die soziale Bedeutung räumlicher Einheit fraglich, da die vielfältigen Wirkungszusammenhänge, in die Städte sich jetzt eingebunden sehen, verstärkt enträumlicht sind, also nicht mehr ausschießlich lokal definiert werden können.

Die Globalisierung sprengt also auch die ehemals räumlich gebundene Identität. Sie speist sich immer mehr jenseits nationaler Grenzen. Michael Jackson oder Lady Di, Buddha oder New Age sind Träger moderner Identifikationen. Und im täglichen Leben auf lokaler Ebene versucht jeder einzelne, aus der globalen Unübersichtlichkeit Landschaften, Regionen, Orte, Geschmack, Atmosphäre etc. für sich wiederzuerkennen und für sich zu gestalten: beim Zappen zwischen den Fernsehkanälen, touristischen Massenreisen, Flanieren auf den Boulevards, Abgrasen von Supermärkten, die mit Waren aus aller Welt bestückt sind, oder bei Besuchen von Festivals und Erlebnisparks.

Die Entzauberung der Welt und das Schwinden von Werten und Normen durch die Globalisierung birgt sowohl Gefahr als auch Schönheit, wie wir von dem bekannten Soziologen Max Weber wissen. Die Gefahr liegt darin, daß ein gespaltenes Werteuniversum nicht imstande sein wird, sich zu regenerieren und neu zu bilden. Die potentielle Schönheit kultureller Erneuerung liegt in der Entstehung einer neuen »Erzählung«, einer neuen Konstellation aus scheinbar fremden, unzusammenhängenden Kulturfragmenten. Kulturen gleichen unter modernen Bedingungen weniger den Kristallkugeln der Wahrsager als vielmehr den Farbspielen eines Kaleidoskops: Mit jeder Drehung ergibt sich eine Neuordnung der Teile, und wir sind erstaunt über die Andersartigkeit und Lebendigkeit jeder neuen Zusammenstellung.

Heute trainieren wir Tai Chi, absolvieren Yoga-Kurse, kochen chinesisch oder spanisch, tanzen argentinischen Tango, surfen im Internet, knüpfen virtuelle Kontakte, engagieren uns vielleicht in einer internationalen Gruppe für Menschenrechte oder reisen durch die Welt. Globale und interkulturelle Einflüsse sind selbstverständlicher Bestandteil unseres Alltagslebens geworden. Wir leben inmitten der globalen Welt, und wir leben gut damit.

Diese globale Kulturmelange und Verdichtung globaler Elemente läßt sich an einzelnen Individuen oder Biographien veranschaulichen. Nehmen wir beispielsweise die »Migrationsmelange« der 2. und 3. Generation eingewanderter Minderheiten. Einerseits wachsen Kinder in den Einwandererfamilien meist zweisprachig auf und können sich im Alltagsleben automatisch zwischen den Sprachen hin und her bewegen. Sie fühlen sich verschiedenen Kulturen zugehörig, entwickeln neue kulturelle Muster aus verschiedenen Elementen und müssen immer wieder neue Anpassungsleistungen erbringen. Man kann sich gleichzeitig als Ehrenfelder, Kölner, Einheimischer, Deutscher, Türke, Europäer und auch als Weltbürger fühlen und dies auch begründen. So gesehen wird die Besonderheit eines Ortes von der Tatsache bestimmt, daß sich an jedem Ort lokale und weltweite Beziehungen in bestimmter Weise mischen, was zunehmend das urbane Zusammenleben prägt. Man könnte auch von einem globalen Ortsgefühl sprechen. So bleiben lokale Bindungen real und wichtig für die einzelnen, stellen jetzt aber nur noch eine Komponente in einer Vielfalt von Beziehungen dar und weiter nichts. Wir entfalten uns, ob bewußt oder unbewußt, auf der Basis globaler Vielfalt und sind alle multikulturelle Persönlichkeiten.

Der schwedische Ethnologe Hannerz bringt diese weltweite Entwicklung mit dem Begriff der Kreolisierung zum Ausdruck und versucht damit die Vermischungen, Widersprüche und fließenden Grenzen zu erklären. Der Begriff stammt ursprünglich aus der Linguistik und bezeichnete die Sprachen, die in Südamerika und der Karibik aus der Verschmelzung von heimischer und Kolonialsprache entstanden sind. Was Kreolisierung unter globalen Bedingungen bedeutet, kann man mit den Worten von Salman Rushdie in bezug auf die Welt der *Satanischen Verse* so ausdrücken: »*Die Satanischen Verse* feiern Vermischung, Unreinheit und das Ergebnis aus neuen und ungewohnten Verbindungen zwischen Menschen, Kulturen, Ideen, Politik, Filmen und Liedern. Das Buch freut sich an der Kreuzung und verabscheut die Verabsolutierung des Reinen. Melange, Mischmasch, ein bißchen von jedem, auf diese Weise entsteht Neues in der Welt«.

Übertragen auf das Alltagsleben, stellen Sie sich bitte folgende Kombination vor (die übrigens nicht frei erfunden ist): Eine in Köln lebende Brasilianerin ist mit einem schwulen Mann verheiratet und lebt in einer Wohngemeinschaft mit vier Salsa-Fans, wobei sie mit einem von denen eine enge Beziehung hat. Die gelernte Juristin verdient ihren Unterhalt als Sozialberaterin in einer Bürgerinitiative gegen weltweite Menschenrechtsverletzungen. Ihr schwuler Mann, mit dem sie aus aufenthaltsrechtlichen Gründen formal verheiratet ist, ist in München geboren und aufgewachsen, lebt zur Zeit in Köln und sucht eine Stelle als Schauspieler. Er hat einen bayerischen Akzent, kann etwas Türkisch und Arabisch sprechen. Zuletzt spielte er die Hauptrolle in einem Kinofilm, einen türkischen Homosexuellen. Sein Vater stammt aus Syrien, seine Mutter aus der Türkei, sie haben sich in München kennengelernt, waren zehn Jahre verheiratet und leben seit einiger Zeit getrennt.

Solche Alltagsbeispiele zeigen, wie verwoben die Bezugspunkte vieler Menschen schon sind und daß die Herkunft nicht mehr Ausgangspunkt jeder Selbstdefinition sein muß und kann. Die einzelnen Einflüsse stammen oft aus unterschiedlichsten Kulturen und Zusammenhängen und sind in sich selbst schon Mischformen.

Außerdem werden »fremde« Einflüsse, im Gegensatz zu der in den Medien oft verbreiteten Meinung der »kulturellen Vereinheitlichung der Welt«, nicht überall und von allen auf gleiche Weise rezipiert. Die Vereinheitlichungstendenz ist nur ein Gesichtspunkt unter vielen. Das heißt mit anderen Worten, daß der Umgang mit Fremden oder Fremdheit keinem weltweit gültigen Schema folgt, sondern je nach Situation, Zusammenhang oder Gesellschaft verschiedene Perspektiven denkbar sind. In diesem Zusammenhang ist die Abwehr, Aneignung oder Transformation von unbekannten und fremden Elementen nichts unbedingt Neues. Neu an den aktuellen Globalisierungsprozessen scheinen eher die zunehmenden Kontakte, Vernetzungen und Kommunikationsmöglichkeiten zu sein. Langsam werden die Konturen einer auf Differenzen beruhende Globalkultur sichtbar. Was uns zunehmend verbindet, ist nicht, daß wir alle gleich wären, sondern daß wir verschieden sind und daß wir die Unterschiedlichkeit im gemeinsamen Dialog produktiv und kreativ nutzen können. Es entstehen ständig Strukturen, deren gemeinsamer Nenner die Differenzen sind.

Auch durch verstärkte Migration wurden, vor allem nach dem Zweiten Weltkrieg, viele Städte und Gesellschaften der Gegenwart immer vielfältiger. Araber aus dem Maghreb, Afrikaner und Türken leben in Frankreich oder Deutschland, viele Asiaten aus den ehemaligen holländischen Kolonien ließen sich in den Niederlanden nieder, und Menschen aus der Karibik, Indien und Pakistan versuchten in Großbritannien Fuß zu fassen.

Dieser Prozeß – der immer noch anhält – ging mit der Entstehung von ethnischen Enklaven innerhalb westlicher Gesellschaften einher. Nicht nur Los Angeles oder New York sind extrem multikulturelle Städte, auch in Berlin, Frankfurt am Main oder in Köln leben Bürger aus verschiedenen Ländern zusammen. In Köln gibt es Menschen aus über 100 verschiedenen Ländern. An die 400000 Nichtdeutsche leben in Berlin. Was früher entfernt und kaum vorstellbar war, ist heute in die Nähe gerückt und gehört zum normalen Alltag des einzelnen. Aus dieser Sicht hat sich nicht so sehr das »andere« verändert, sondern vielmehr ist die Definition dessen, was als vertraut wahrgenommen wird, ausgeweitet, verändert und ergänzt worden.

Für einen immer größer werdenden Personenkreis, ob es sich nun um Einwanderer, Firmenvertreter, Manager, Wissenschaftler, Künstler oder Jugendliche handelt, verlieren geographische Räume als feste Bezugspunkte des Alltagslebens ihre Bedeutung und werden in dieser Funktion verstärkt von enträumlichten, nicht ortsgebundenen Beziehungen und Gemeinschaften abgelöst, die durch soziale, politische, berufliche, kulturelle und ideelle Gemeinsamkeiten miteinander verknüpft sind. Diese neu entstehenden Netzwerke, die bisher eher vernachlässigt oder ignoriert wurden, gewinnen ständig an Bedeutung und prägen in vielen Teilen der Welt die Realitäten.

Im konventionellen Verständnis wird als authentisch wahrgenommen, was als ursprünglich und historisch verankert definiert wird. Was wir jedoch als kulturtypische untrügliche Zeichen wahrnehmen, stellt sich oft als Täuschung heraus. In unserem Alltag gibt es Hunderte von Beispielen für die fremde Herkunft uns ganz vertrauter Dinge: Die »typisch« italienischen Spaghetti kommen aus Lateinamerika (oder war es doch China?), die deutschen Kartoffeln wurden aus Südamerika eingeführt. Das Alphabet, dessen sich – unter vielen anderen – auch die deutsche Sprache bedient, ist übrigens lateinisch, deutsche Philosophen bezogen ihre Ideen aus dem alten Griechenland, das deutsche Recht ist römischen Ursprungs, die Oper stammt aus Italien und das Rad, sagt man, wurde in China erfunden, das Papier in Ägypten. Bei Phänomenen oder Gegenständen, die lange genug in den kulturellen Alltag eingebunden und für lokale Zwecke angeeignet worden sind, verliert der Ursprung im Laufe der Zeit an Bedeutung. Authentizität im herkömmlichen Sinn existiert heute kaum noch.

Und trotzdem ist die Chance für Kommunikation, gegenseitige Verständigung und die Anerkennung von »anderen« noch nie so groß gewesen wie gerade jetzt. In einer Welt, in der permanent neue und weltweite Verbindungen und Vernetzungen institutioneller, kultureller und politischer Art entstehen und Medien wie Fernsehen, Radio oder Internet es ermöglichen, sich selbst in unmittelbaren Bezug zu globalen Ereignissen und deren lokalen Folgen zu setzen, wird folgerichtig kulturvergleichendes Bewußtsein zu einem normalen Bestandteil des Alltagslebens. So können theoretisch Antworten und Lösungsstrategien für Probleme, die an einem beliebigen Ort entwickelt oder erfunden werden, weltweit umgesetzt werden.

Natürlich können einerseits die Ausdifferenzierung der Gesellschaft auf institutioneller, kultureller oder politischer Ebene und andererseits die zunehmenden globalen Entwicklungen auch als negativ erlebt werden. Infolge der Pluralisierung von Lebenswelten teilen immer weniger Menschen ein gemeinsames kulturelles Verständnis. Die zunehmenden globalen Wahlmöglichkeiten und verfügbaren Bedeutungshorizonte verlangen von den Individuen ein hohes Maß an Flexibilität, Mobilität, Reflexivität und Verantwortung. An der Forderung, ihr eigenes Leben selbstbestimmt zu gestalten, können viele Menschen auch scheitern. Andererseits aber hat jeder einzelne durch den Zugang zu unterschiedlichsten Lebensformen und der Vielfalt an einem Ort eine große Chance, sich selbst zu entfalten, wenn er die Wahlmöglichkeiten als Ressource für das Zusammenleben begreift und zu nutzen versucht.

Anhang

Glossar

Chicagoer Schule: Durch empirische Forschungen, theoretische Arbeit und Ausbildung vieler Studenten die einflußreichste Schule der amerikanischen Soziologie zwischen den beiden Weltkriegen, die aus dem *Department of Sociology* an der Universität von Chicago hervorging. Forschungsschwerpunkte waren im Zusammenhang mit der Herausbildung der interaktionistischen Sozialpsychologie die Erforschung der soziokulturellen Persönlichkeit, die Stadtsoziologie und der soziale Wandel. Die Chicagoer Schule hat entscheidend zur Ausreifung von Methoden der Empirischen Sozialforschung und zur Entfaltung der Soziologie zu einer exakten und praxisrelevanten Sozialwissenschaft beigetragen.

Ethnopoetik: Strömung innerhalb der Ethnologie, die aus Kritik an der eindimensionalen Darstellungsweise fremder Kulturen in ethnographischen Beschreibungen eine neue künstlerisch-poetische Haltung einnimmt und in ihren Texten über konventionelle Wissenschaftsgrenzen hinausgeht. Hauptvertreter: Michel Leiris.

Ethnopsychoanalyse: Strömung innerhalb der Ethnologie, die die bewußte Aufnahme affektiver, d.h. gefühlsgeleiteter Beziehungen mit den Menschen anderer Kulturen befürwortet, das bewußte Erleben, die Deutung und Überwindung von Konflikten und Widersprüchen sowie den Versuch, sich in den anderen, seine inneren Entwürfe und seine Kultur einzufühlen. Entstand als Gegenentwurf zur herkömmlichen, als einseitig kritisierten Beobachterperspektive der konventionellen Ethnologie. Vertreter: Paul Parin, Mario Erdheim u.a.

Heterophobie: Im wörtlichen Sinne »Angst vor Verschiedenheit«.

Interaktion: Ein zentraler Grundbegriff für die Analyse von gegenseitig aufeinander bezogenen Handlungen, der die Wechselbeziehung zwischen Handlungen bezeichnet. Eine Interaktion findet statt, wenn ein Handelnder sich nicht nur am zufälligen oder gerade erkennbaren Verhalten eines anderen Handlungspartners, sondern auch und in erster Linie an dessen Erwartungen, positiven und negativen Einstellungen sowie an der Einschätzung und Bewertung der gemeinsamen Situation orientiert.

Lévi-Strauss, Claude (geb. 1908): Bekannter französischer Ethnologe. Er gilt als Begründer der Strukturalen Anthropologie. Ihr zufolge können wie Naturerscheinungen auch Phänomene des menschlichen Lebens, der Kultur und Gesellschaft auf unterschiedlichen Ebenen erforscht werden. Mit seiner strukturellen Methode versucht Lévi-Strauss hinter den unterschiedlichen soziokulturellen Phänomenen des menschlichen Lebens allgemeine und unveränderliche Grundstrukturen aufzudecken. Dem Erforschen solcher Grundmuster dient die Analyse von Verwandtschaftssystemen, Mythen und Ritualen zahlreicher ethnischer Gesellschaftsordnungen.

Leiris, Michel (1901-1990, Paris): Ethnologe und Schriftsteller, gehörte der surrealistischen Bewegung an. Vertreter der Ethnopoetik (vgl. dort).

Postmoderne: Ende der 50er Jahre geprägter Begriff der Kultur- und Kunsttheorie, der eine Distanzierung zeitgenössischer Künstler von den ästhetischen Verfahren der Moderne beinhaltet. Die Postmoderne lehnt das Innovationsstreben der Moderne ab. Der Grundsatz, daß in Literatur, Film, Architektur und Wissenschaften nichts Neues mehr zu schaffen sei, führt hier zum spielerischen Umgang mit vorhandenem Material. Synonyme zu Postmoderne sind Transavantgarde und Spätmoderne. Ihr pluralistisches Verständnis hat der Postmoderne des öfteren den Vorwurf der Beliebigkeit eingebracht. In den postmodernen Theorien wird die gesellschaftliche Vielfalt hervorgehoben.

Sozialdarwinismus: Eine in der zweiten Hälfte des 19. Jh. durch den von Charles Darwin (1802-1882) gelehrten universellen biologischen Evolutionismus (mit dem Lebensprinzip vom »Kampf ums Dasein«) beeinflußte Theorierichtung. In den Erklärungsprinzipien des Sozialdarwinismus für menschliches Handeln wird der aus der Aufklärung stammende Gedanke, daß die gesellschaftliche Ordnung und Integration von den Handlungen und von der

Rationalität einzelner Menschen her zu erklären sei, fallengelassen. Anstelle dessen wird eine gegebene Objektivität gesellschaftlicher Entwicklungsnotwendigkeiten (zunächst in biologischen, später in völkischen und rassischen Kategorien) als Bewegungsprinzip der Gesellschaft erkannt. Der Lebenskampf als soziale Grundform zwischenmenschlicher Beziehungen gilt sowohl für Verhältnisse zwischen Individuen wie zwischen Gruppen, verschiedenen Gesellschaften usw.

Stigmatisierung: Ein Zeichen gesellschaftlicher Mißbilligung, ein Makel am Charakter oder Ruf einer Person, abgeleitet von dem altgriechischen Wort *stigma* = »Zeichen, Brandmarke«. Die Stigmatisierung von Menschen oder Gruppen wird als ein wesentlicher Bestandteil der Menschheitsgeschichte interpretiert. Zur Stigmatisierung können sowohl objektive Merkmale wie physische, ethnische usw. als auch fiktive Zuschreibungen herangezogen werden.

Systemische Integration: In der modernen Gesellschaft sind verschiedene funktional ausdifferenzierte Systeme wie Bildungs-, Gesundheits-, Rechtssystem, politisches oder ökonomisches System usw. entstanden. Die Einbindung bzw. Inklusion des einzelnen Individuums in diese Teilbereiche nennt man systemische Integration. Wenn ein Kind in die Schule geht, also Schüler ist, ist er in das Schulsystem und somit in das Bildungssystem integriert. Als Arbeitnehmer ist man in das ökonomische System eingebunden etc.

Unvollständige Integration: In einer modernen, ausdifferenzierten Gesellschaft kann es keine vollständige Integration mehr geben, weil die vollständige Integration in eine Gemeinschaft ersetzt worden ist durch eine Mehrzahl von begrenzten Mitgliedschaften in unterschiedlichen Teilsystemen (man ist Schüler, Käufer, Patient, Klient, Versicherter, Arbeiter, Lehrer usw.). Unvollständige Integration bedeutet auch, daß soziale Beziehungen nicht mehr »gänzlich« und in umfassender Weise für alle Dinge des Lebens zuständig, sondern partiell und bruchstückhaft sind.

Anmerkungen

S. 10   *Das neue deutsche Wörterbuch für Schule und Beruf,* München 1997.

S. 10f.   *Das Neue Deutsche Dudenlexikon,* Mannheim, Wien, München 1989.

S. 12f.   HANS MAGNUS ENZENSBERGER, *Die Große Wanderung,* Frankfurt a. M. 1992, S. 11-14.

S. 14   ALOIS HAHN, *Partizipative Identitäten,* in: HERFRIED MÜNKLER, BERND LADWIG (Hg.), *Furcht und Faszination. Facetten der Fremdheit,* S. 134.

S. 17   KONRAD KÖSTLIN, *Volkskultur als Exotik des Nahen,* in: RUDOLF FLOTZINGER (Hg.), *Fremdheit in der Moderne,* Wien 1999, S. 109ff.

S. 19f.   Zit. in: H. LOTH (Hg.), *Reisen nach Nigritien,* Leipzig 1986, S. 143ff.

S. 20   WALTER HIRSCHBERG (Hg.), *Neues Wörterbuch der Völkerkunde,* Berlin 1988, S. 508.

S. 22   CLAUDE LÉVI-STRAUSS, *Traurige Tropen,* Frankfurt a. M. 1978 (frz. Original: *Tristes Tropiques,* Librairie Plon, 1955).

S. 22   MICHEL LEIRIS, *Phantom Afrika,* 2 Bde., Frankfurt a. M. 1980 (frz. Original: *L'Afrique fantôme,* Paris 1934).

S. 25   HANS J. HEINRICHS, *Inmitten der Fremde,* Reinbek b. Hamburg 1992, S. 197.

S. 26   OLIVER SACKS, *Der Mann, der seine Frau mit einem Hut verwechselte. Eine Anthropologin auf dem Mars,* Reinbek b. Hamburg 1996, (Original New York 1985).

S. 28   BERNHARD WALDENFELS, in: *Furcht und Faszination der Fremdheit*, a.a.O., S. 72.

S. 29   Vgl. MÜNKLER/LADWIG, ebd., S. 14, 26.

S. 34   HANS J. HEINRICHS, *Inmitten der Fremde*, a.a.O., S. 71ff.

S. 35   BERND SCHEFFER, *Medien und Fremdenfeindlichkeit*, Opladen 1997, S. 30.

S. 36   SANDER, ebd., S. 40.

S. 38   MERTEN u.a. im Auftrag der Ausländerbeauftragten der Bundesregierung 1986, *Das Bild der Ausländer in der deutschen Presse*, Brosius/Esser 1995.

S. 40   SCHEFFER in: *Medien und Fremdenfeindlichkeit*, a.a.O., S. 40ff.

S. 43   RONALD D. LAING 1973, zit. nach HEINRICHS, *Inmitten der Fremde*, a.a.O., S. 179.

S. 48   FRANCISCO VARELA, zit. nach HEINRICHS, ebd., S. 208.

S. 48   D. BELTZ, *Der Name als Stigma,* Stuttgart 1992.

S. 48   ALAIN FINKIELKRAUT, *Die Niederlage des Denkens*, Reinbek b. Hamburg 1990.

S. 48   MEMMI 1987:103, zit. in PETER A. MENZEL, *Fremdverstehen und Angst*, Bonn 1993.

S. 55f.   GEORG SIMMEL, *Die Großstädte und das Geistesleben*, in: Ders., *Das Individuum und die Freiheit*, Frankfurt a. M. 1993, S. 192.

S. 62   Das Ruhrgebiet ist wie die USA durch Zuwanderung entstanden. 1871 lebten hier 536000 Einwohner, 1910 drei Millionen, davon ca. eine halbe Millionen Polen. Die Stadt Bottrop hatte 1875 6600 Einwohner, 1900 waren es bereits 24700, davon 40 Prozent Polen. 1915 betrug die Einwohnerzahl Bottrops 69000, und die Einheimischen waren in der Minderheit.

        Zu Beginn der polnischen Einwanderungswelle gab es keine starke einheimische Bevölkerung, keine etablierte städtische Kultur. Fast alle Einwohner waren damals Zuwanderer und brachten ihre eigenen Besonderheiten, Bräuche, Fertigkeiten und Fähigkeiten mit. So entstand im Verlauf der Zeit eine neue industrielle Kultur im Ruhrgebiet, ohne die das heutige Ruhrgebiet nicht zu denken ist. Daß ein Teil der Bevölkerung heute polnischer Abstammung ist, kann man, wenn überhaupt, nur noch an den Nachnamen erkennen.

S. 63f. GEORG SIMMEL, *Die Großstädte und das Geistesleben*, a.a.O., S. 204.

S. 66   HANS P. BAHRDT, ULFERT HERLYN (Hg.) *Die moderne Großstadt*, hg. Von, Opladen 1998, S. 86ff.

S. 71   ULRICH BECK, *Risikogesellschaft*, Frankfurt a. M. 1986 und ders., *Die Erfindung des Politischen*, Frankfurt a. M. 1993.

S. 76   KÄTE MEYER-DRAWE, *Illusionen von Autonomie. Diesseits von Ohnmacht und Allmacht des Ich*, München 1990, S. 142; 124.

S. 77   RUTH WODAK u.a. (Hg.), *Zur diskursiven Konstruktion nationaler Identität*, Frankfurt a. M. 1998, S. 48.

S. 77   ALBERTO MANGUEL, *Im Spiegelreich*, Berlin 1999.

S. 78   ALBERT CAMUS, *Der Fall,* Hamburg 1972, S. 46.

S. 79   WODAK, *Zur diskursiven Konstruktion*, a.a.O., S. 59.

S. 102 Zit. nach: *Die Woche* vom 15/1/1999.

S. 103f. S. LAMNEK, *Jugendkriminalität*, a.a.O., S. 404ff.

S. 110 SEYLA BENHABIB, *Kulturelle Vielfalt und demokratische Gleichheit*, Frankfurt a. M. 1999.

S. 111 ULF HANNERZ, *»Kultur« in einer vernetzten Welt. Zur Revision eines ethnologischen Begriffes*, Berlin 1997, S. 64-85.

S. 111 Zit. in JOANA BREIDENBACH, INA ZUKRIGL, *Tanz der Kulturen,* München 1998, S.85.

Literaturhinweise

Dimensionen der Fremdheit

BIELEFELD, U. (Hg.), *Das Eigene und das Fremde*, Hamburg 1991.

BRUBAKER, R., *Staats-Bürger, Frankreich und Deutschland im historischen Vergleich,* Hamburg 1994.

DEMANDT, A. (Hg.), *Mit Fremden leben*, München 1995.

ENSEL, F.-J., *Bilder vom Fremden deutschen Alltag*, Oldenburg 1996.

GIESEN, B. (Hg.), *Nationale und kulturelle Identität*, Frankfurt a. M. 1991.

GIESEN, B., *Die Intellektuellen und die Nation*, Frankfurt a. M. 1993.

HAVERKAMP, A. (Hg.), *Die Sprache der Anderen*, Frankfurt a. M. 1997.

HEINRICHS, H.-J., *Erzählte Welt*, Reinbek b. Hamburg 1996.

HEINRICHS, H.-J. (Hg.), *Das Fremde verstehen*, Gießen 1997.

HEUBERGER, V. u.a. (Hg.), *Das Bild vom Anderen*, Frankfurt a. M. 1998.

KRISTEVA, J., *Fremde sind wir uns selbst*, Frankfurt a. M. 1990.

KUNTZ, A. u.a. (Hg.), *Fremdheit und Migration*, Berlin, Hamburg 1987.

MÜLLER, S., *Fremde und Andere in Deutschland*, Opladen 1995.

SCHNEIDER, G., *Affirmation und Anderssein*, Opladen 1995.

VEYNE, P., *Die Originalität des Unbekannten*, Frankfurt a. M. 1988.

Vom Umgang mit dem Fremden, Jahrbuch der Internationalen Erich-Fromm-Gesellschaft, Münster, Hamburg 1994.

WALDENFELS, B., *Der Stachel des Fremden*, Frankfurt a. M. 1991.

SCHÄFFTER, O. (Hg.), *Das Fremde. Erfahrungsmöglichkeiten zwischen Faszination und Bedrohung*, Opladen 1991.

ZEYRINGER, B., *Die Erfahrung der Fremde*, (Diss.), Ludwigsburg 1995.

Leben mit der Fremdheit

AUERNHEIMER, G., *Einführung in die interkulturelle Pädagogik*, Darmstadt 1990.

BECK, U., *Die Erfindung des Politischen*, Frankfurt a. M. 1993.

BECK, U. (Hg.), *Politik der Globalisierung*, Frankfurt a. M. 1998.

BUKOW, W.-D., *Feindbild: Minderheit. Zur Funktion von Ethnisierung*, Opladen 1996.

GRIESE, H.-M. (Hg.), *Der gläserne Fremde*, Opladen 1984.

HABERMAS, J., »Anerkennungskämpfe im demokratischen Rechtsstaat«, in: TAYLOR, C., *Multikulturalismus und die Politik der Anerkennung*, Frankfurt a. M. 1993, S. 147-197.

HELLMANN, K-U., »Fremdheit als soziale Konstruktion. Eine Studie zur Systemtheorie des Fremden«, in: MÜNKLER, H. (Hg.), *Die Herausforderung durch das Fremde*, Berlin 1998, S. 401-449.

HOLZBRECHER, A., *Wahrnehmung des Anderen. Zur Didaktik interkulturellen Lernens*, Opladen 1997.

LAMNEK, S., »Jugendkriminalität. Erscheinungen – Entwicklungen Erklärungen«, in: *Gegenwartskunde* 3/1998, S. 379-412.

LINDNER, R., *Die Entdeckung der Stadtkultur. Soziologie aus der Erfahrung der Reportage*, Frankfurt a. M. 1990.

RAWLS, J., *Politischer Liberalismus*, Frankfurt a. M. 1998.

ROTH, H-J. (Hg.), *Integration als Dialog. Interkulturelle Pädagogik im Spannungsfeld von Wissenschaft und Praxis*, Baltsmannweiler 1994.

SCHÜTZ, A., LUCKMANN, T., *Strukturen der Lebenswelt*, Band 1, Frankfurt a. M. 1994.

Register

D O M I N O
Modernes Wissen bei
BLT